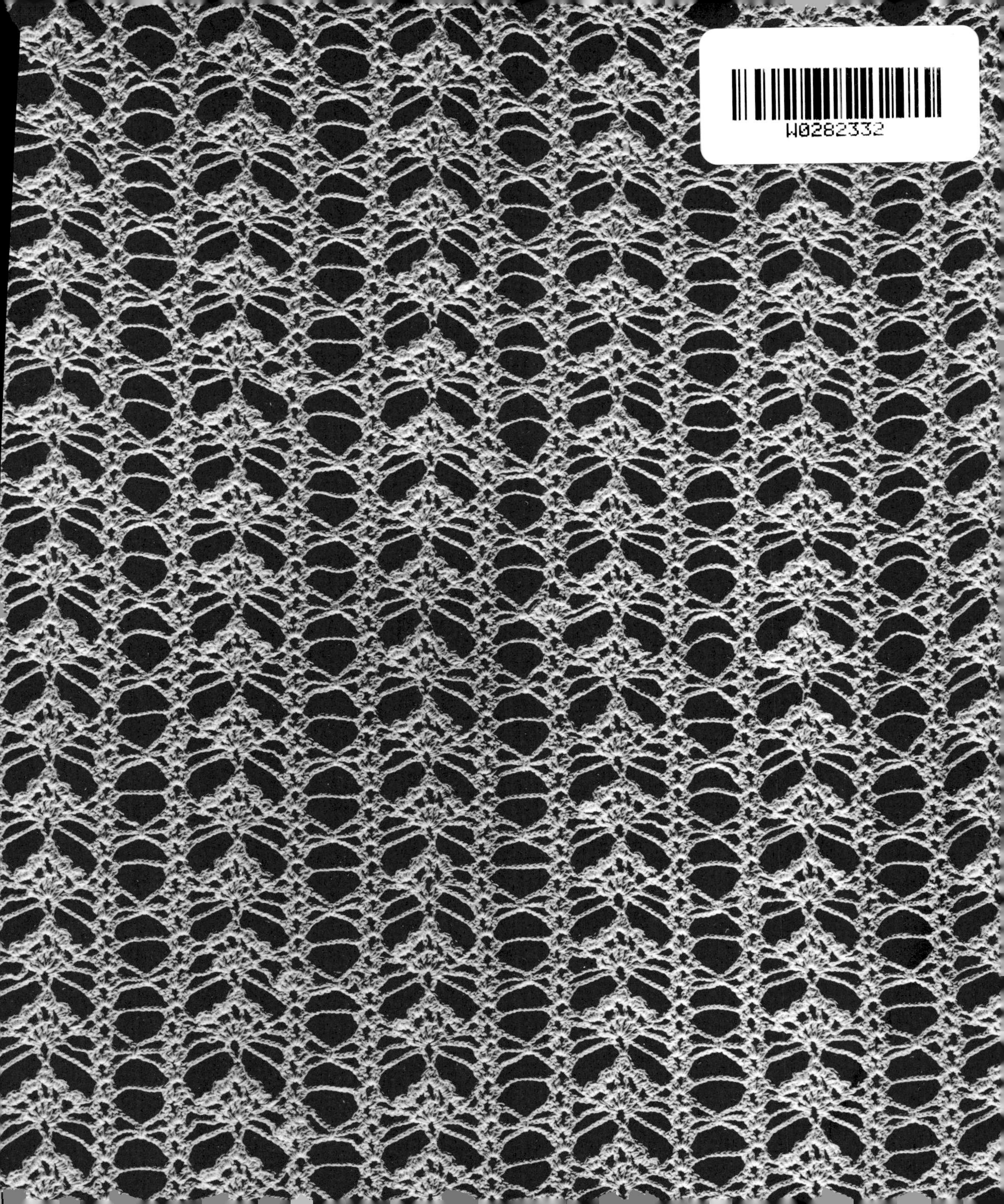

rosenheimer raritäten

Carola Förg

Häkelspitzen
aus Kremsmünster

Musterzeichnungen von Ulrike von Vietinghoff
genannt Scheel

rosenheimer

Vorwort

Es zählt zusammen mit Nonnberg und St. Peter in Salzburg zu den ehrwürdigsten Klöstern Österreichs, das Stift Kremsmünster, die uralte Gründung des Bayernherzogs Tassilo, entstanden vor über 1200 Jahren zu einer Zeit, da Österreich noch die Ostmark eines mächtigen Herzogstums bildete, das unter der Herrschaft der Agilolfinger bis an die Adria reichte.
Zu jenen Tagen war die Gründung eines Klosters nicht nur eine fromme, sondern ebenso eine politische Tat, denn die Mönche hatten nicht nur den Heiden das Wort Gottes zu predigen, es oblag ihnen auch, das Land urbar zu machen und dem Willen des Herrschers Nachdruck zu verleihen. So bildeten die Klöster nicht nur das geistliche, sondern auch das politische, kulturelle und wirtschaftliche Zentrum ihrer Region.
Mit der Zeit verblaßte der politische Rang, die kulturelle und wirtschaftliche Bedeutung aber ist geblieben, besonders bei den Klöstern der alten Prälatenorden. Namentlich die Jünger des hl. Benedikt blieben zwar dem Ideal der persönlichen Armut treu, vertraten daneben aber die Auffassung, daß zum Ruhm des Ordens und zur Ehre Gottes kein Aufwand zu groß sei. Die mächtige, auf mittelalterlichen Grundlagen errichtete Barockanlage des Stiftes Kremsmünster kündet noch heute von diesem Geist, aber auch vom sicheren Geschmack und von der ökonomischen Tüchtigkeit der Prälaten und ihrer Baumeister.
Die Textilkunst stand stets ein wenig im Schatten von Architektur und Malerei, wenn es um kirchliche Prachtentfaltung ging, aber was wäre eine Stiftskirche ohne die prachtvollen Meßgewänder der Priester, ohne die liebevoll mit kostbarsten Klosterarbeiten ausstaffierten Reliquienschreine?
Daher hat man auch und gerade in Kremsmünster großen Wert auf eine entsprechende Ausstattung mit textilen Kunstwerken und Tapisserien gelegt und beträchtliche Summen dafür ausgegeben.
Davon zeugen nicht nur die flandrischen Bildteppiche aus der Renaissancezeit an den Pfeilern der Stiftskirche, sondern auch ganz profane Rechnungen, die sich im Klosterarchiv erhalten haben. So bezog man schon 1559 – die früheste einschlägige Eintragung »Seidenwar«, »Damaschk Khermesin atlaß«, »Samal Seyden« und »Schnierlein« von einem Jörgen Händl zu Wels. 1674 bezahlte man »Johanni Palli für unterschiedliche Spitz und flor«, und 1688 erhielt eine

Maria Spanholzin einen Gulden und ein paar Kreuzer »von 4 Duzel Eckspiz«. Diese Aufzählung ließe sich noch beliebig fortsetzen.
Wie immer, wenn höfische Prachtentfaltung den Geschmack einer Epoche bestimmt, versuchte auch das Bürgertum den adeligen Lebensstil in schlichteren Formen und mit einfacheren Mitteln nachzuahmen. Und da die Äbte des Stifts als ranghöchste Prälaten Österreichs fürstlichen Glanz zu verbreiten wußten, wurde auch in den Bürgerhäusern Kremsmünsters fleißig gestickt, geklöppelt und gehäkelt – durchaus nicht nur für den Bedarf des Klosters. So ist Kremsmünster heute eine wahre Fundgrube für den Liebhaber alter, kostbarer Handarbeiten, namentlich auf dem Gebiet der Klöppel- und Häkelspitze. In besonderem Maße trägt hierzu die Spitzensammlung des Stifts bei, die Pater Sebastian Mayr getreu seinem Wahlspruch »In der Liebe zum Haus lasse ich mich von niemand übertreffen« im späten 19. Jahrhundert zusammengetragen hat. Diese Sammlung wurde nach 1878 zusätzlich durch die Kollektion Thill bereichert, eine bedeutende Privatsammlung, die immerhin auf der Weltausstellung des selben Jahres in Paris gezeigt worden war. Auf diese Weise zählt die Spitzensammlung des Paters Sebastian Mayr zu den bedeutendsten ihrer Art. Sie ist eine der Attraktionen des an Kunstschätzen so reichen Stifts Kremsmünster.
Viele Tage könnte der Liebhaber dieser Kunst dort verweilen und würde sich doch nicht sattsehen an den hauchzarten, duftigen Kostbarkeiten, die zum Erlesensten zählen, was die Kunst der Spitzenfertigung in Jahrhunderten hervorgebracht hat. Doch leider sind nur wenige dieser musealen Schaustücke zum Nacharbeiten geeignet, so daß nur ein Teil der im Buch gezeigten Muster der Stiftssammlung entnommen ist.
Die übrigen stammen aus Privathäusern und sind damit Produkte jenes ständigen bürgerlichen Strebens nach vereinfachender Nachahmung der für den höfischen Bedarf bestimmten künstlerischen Spitzenleistungen.
So sind hier die vorgestellten Häkelspitzen Zeugnisse sowohl monastischer Prachtentfaltung als auch bürgerlichen Handarbeitsfleißes. In ihrer phantasievollen Formenvielfalt lassen sie etwas lebendig werden vom Charme der alten Habsburgermonarchie.

Die einzelnen Häkelzeichen und Maschenarten

Grundmaschen:

	Luftmasche	LM
	Kettmasche	KM
	feste Masche	fM
	halbes Stäbchen	h.Stb.
	Stäbchen	Stb.
	Doppel-Stäbchen	D-Stb.
	dreifach Stäbchen	3f-Stb.

Maschengruppen:

	Pikot
	drei Pikots in eine Einstichstelle gearbeitet
	eine feste Masche, drei Luftmaschen und eine feste Masche in eine Einstichstelle
	zwei, bzw. drei Stäbchen in eine Einstichstelle
	zwei, bzw. drei Stäbchen zusammen abgemascht
	drei Stäbchen in eine Einstichstelle und zusammen abgemascht
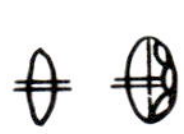	zwei, bzw. drei Doppel-Stäbchen in eine Einstichstelle und zusammen abgemascht
	Kreuzstäbchen
	Luftmaschen zum Wenden der Arbeit
	festmachen
	Arbeitsrichtung und Anfang
	Mustersatz (Rapport)
	erster Arbeitsgang
	zweiter Arbeitsgang usw.
	Luftmaschenbogen aus 5 Luftmaschen

Die Luftmasche LM ○

ist die Grundmasche beim Häkeln. Mehrere LM bilden eine LM-Kette. Sie bildet den Anschlag für die übrigen Maschen.

Die Kettmasche KM ⌒

ist die niedrigste Maschenart. Zur Bildung einer KM führt man die Häkelnadel durch die betreffende Masche (MA) der Vorreihe, holt den Faden und zieht ihn durch beide auf der Nadel liegenden Schlingen.

Die feste Masche f. M ■

ist etwas höher als die KM. Zur Bildung einer f. M führt man die Häkelnadel in die betreffende MA der Vorreihe, holt den Faden und zieht diesen durch die Grundmasche. Sodann wird ein zweites Mal der Faden geholt und durch die beiden auf der Nadel liegenden Schlingen gezogen.

Das halbe Stäbchen h. Stb. |

ist die niedrigste Form der Stäbchen. Man bildet einen U, führt die Häkelnadel in die betreffende MA der Vorreihe, holt den Faden und zieht ihn durch die Grundmasche. Sodann wird ein zweites Mal der Faden geholt und durch die drei auf der Nadel liegenden Schlingen gezogen.

Das Stäbchen Stb.

wird auch das einfache Stäbchen genannt. Man bildet einen U, führt die Häkelnadel in die betreffende MA der Vorreihe, holt den Faden und zieht ihn durch die Grundmasche. Sodann werden jeweils zwei Schlingen durch Umschläge nacheinander abgemascht.

Das Doppelstäbchen D-Stb.

Beim D-Stb. werden vor dem Einstechen zwei Umschläge gebildet. Die mehrfachen Stb. werden durch 3, 4, 5 und mehr Umschläge gebildet. Die Anzahl der Querstriche gibt an, mit wievielen Umschlägen das betreffende Stäbchen auszuführen ist.

Das Kreuzstäbchen K-Stb.

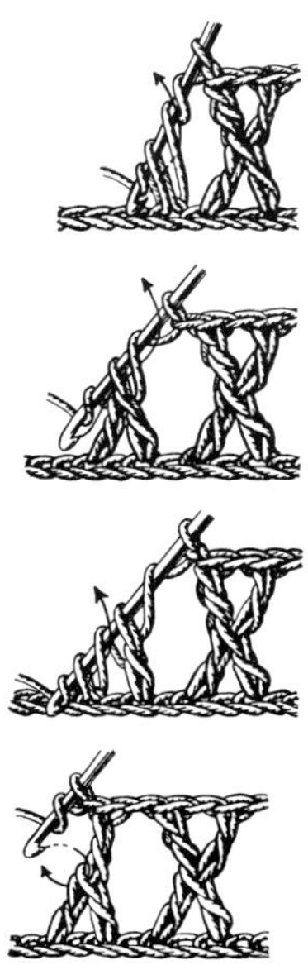

wird in vier Arbeitsgängen ausgeführt.

1. Man bildet zwei U, führt die Häkelnadel in die betreffende MA der Vorreihe, holt den Faden, zieht diesen durch die Grundmasche, holt ein zweitesmal den Faden und mascht die ersten beiden auf der Nadel liegenden Schlingen ab.

2. Man bildet einen U, übergeht eine MA und führt die Nadel in die zweitfolgende MA der Vorreihe, holt den Faden und zieht ihn durch zwei auf der Nadel liegenden Schlingen.

3. Nun werden 3 × zwei Schlingen durch Umschläge nacheinander abgemascht.

4. Man häkelt 1 LM, sodann 1 Stb. in die beiden am Kreuzungspunkt liegenden Maschenglieder.

Wird das K-Stb. aus den Grundmaschen oder aus den Maschen der Vorreihe aufgehäkelt und nicht von einem LM-Aufstieg, so wird das Kreuzstäbchen wie folgt ausgeführt:
Man häkelt 3 LM und arbeitet in die zweitfolgende MA der Vorreihe ein Stb., häkelt sodann 4 LM, (3 LM als Ersatz für das Stb. und 1 LM für den Zwischenraum) und abschließend 1 Stb. in die Abschlußmasche des ersten Stäbchens.
Als Muster können Kreuzstäbchen übereinander stehen oder in versetzten Reihen ausgeführt werden.

Das Pikot Pt. 

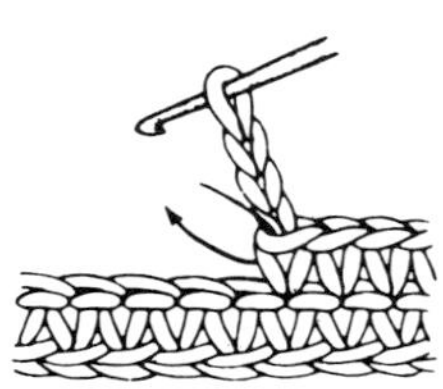

ist ein Zackenabschluß und besteht meist aus drei oder vier Luftmaschen und 1 f. M. oder 1 KM, die in die 1. LM zurückgehäkelt wird.
Man kann aber auch vier oder fünf Luftmaschen häkeln mit 1 Stb. in die 1. LM zurück. Das ergibt weichere, rundere Bogen-Zacken.

Stäbchen zusammen abmaschen 

d. h. alle Stäbchen einer Stb.-Gruppe bis auf die letzte Schlinge abmaschen, diese auf der Nadel belassen und mit einem weiteren Umschlag alle restlichen Schlingen abmaschen.

Stäbchen in eine Einstichstelle zusammen abgemascht 

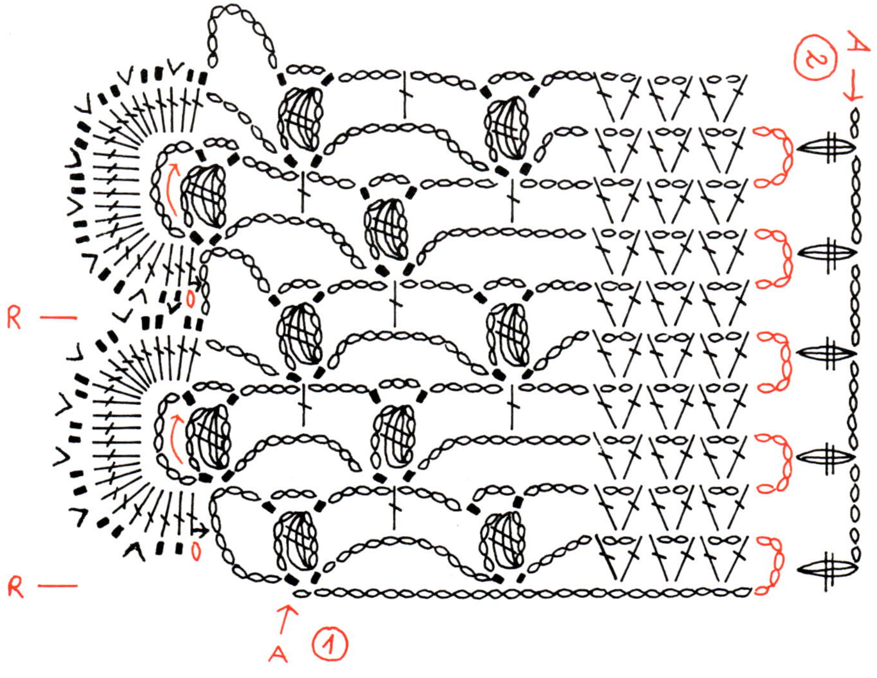
A
2
R —
R —
A
1

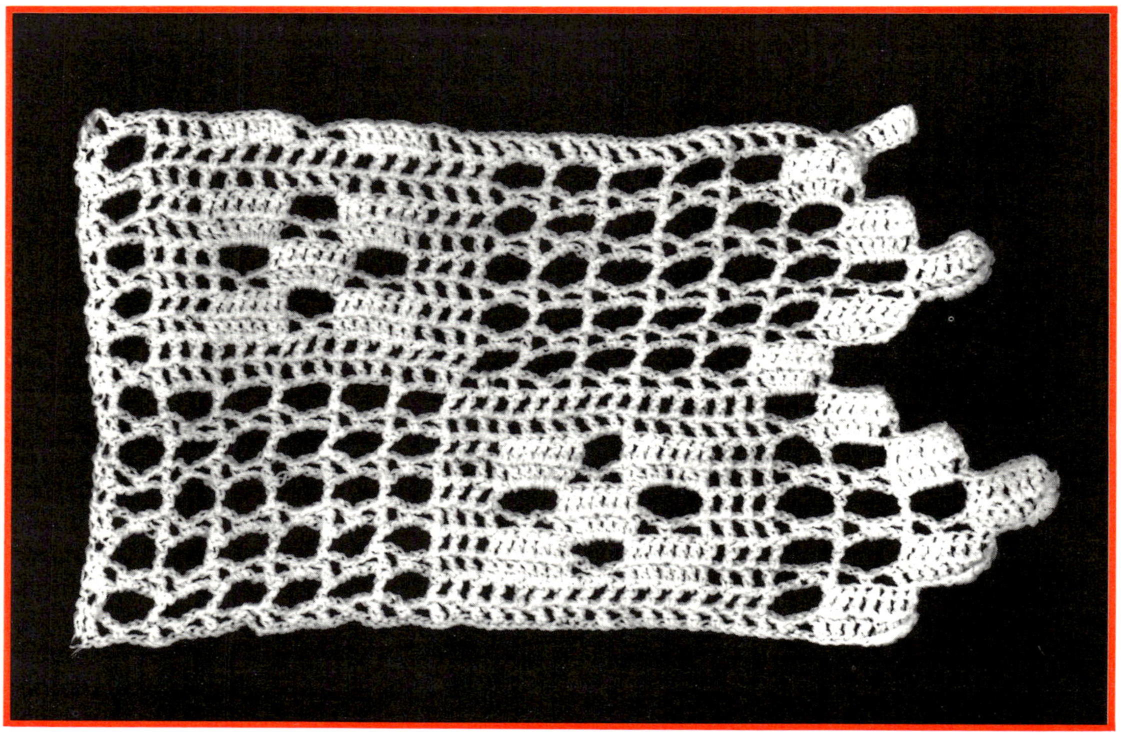

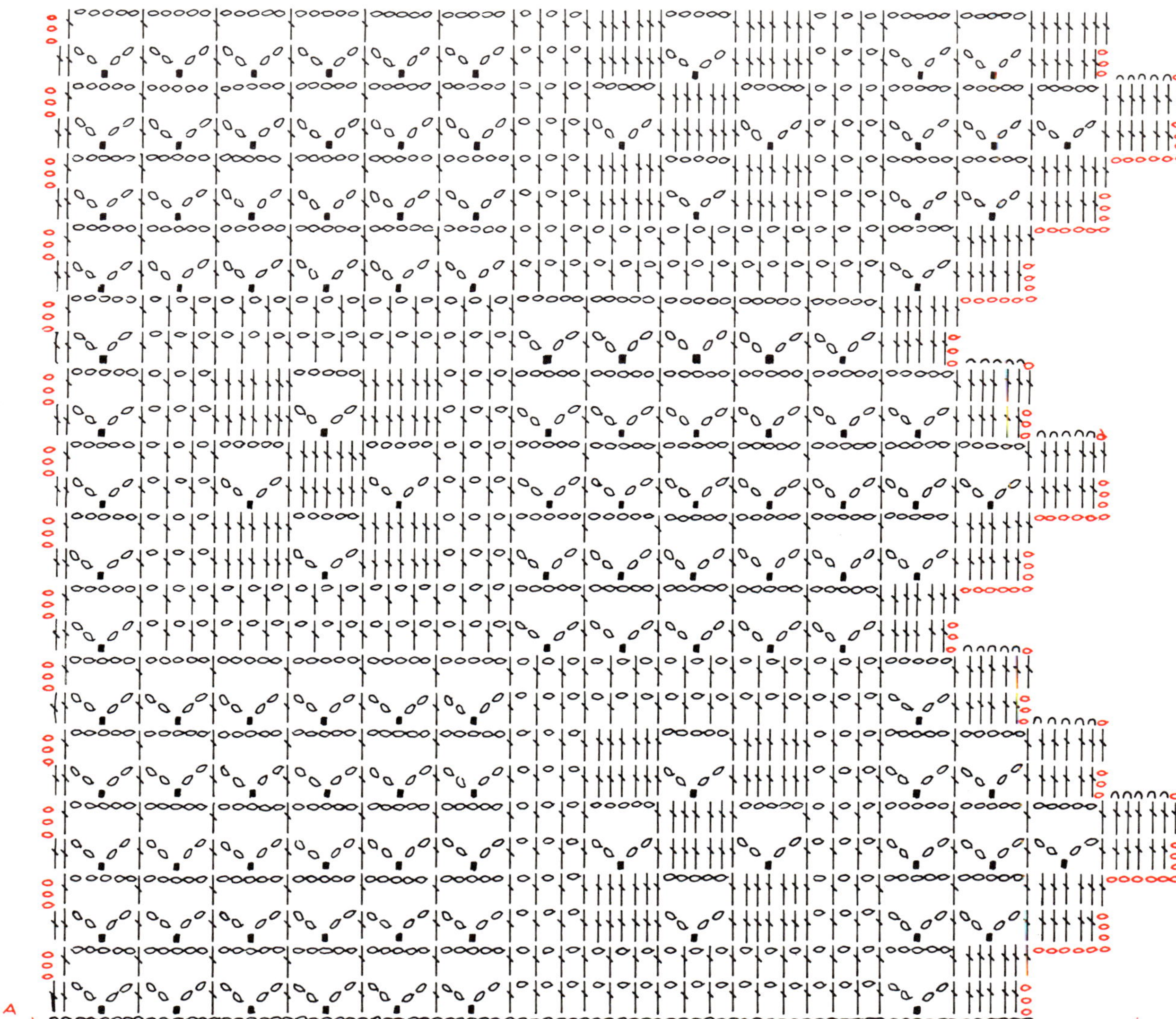
A

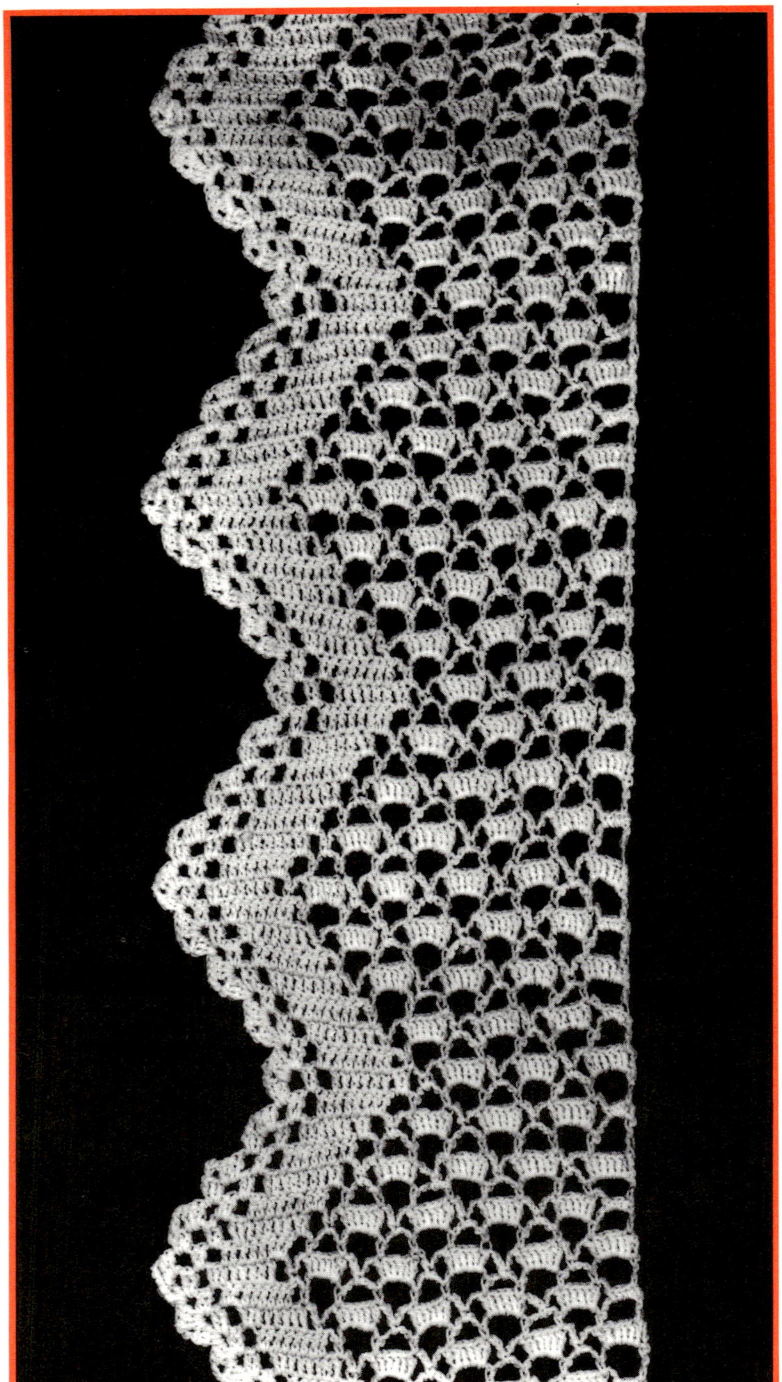

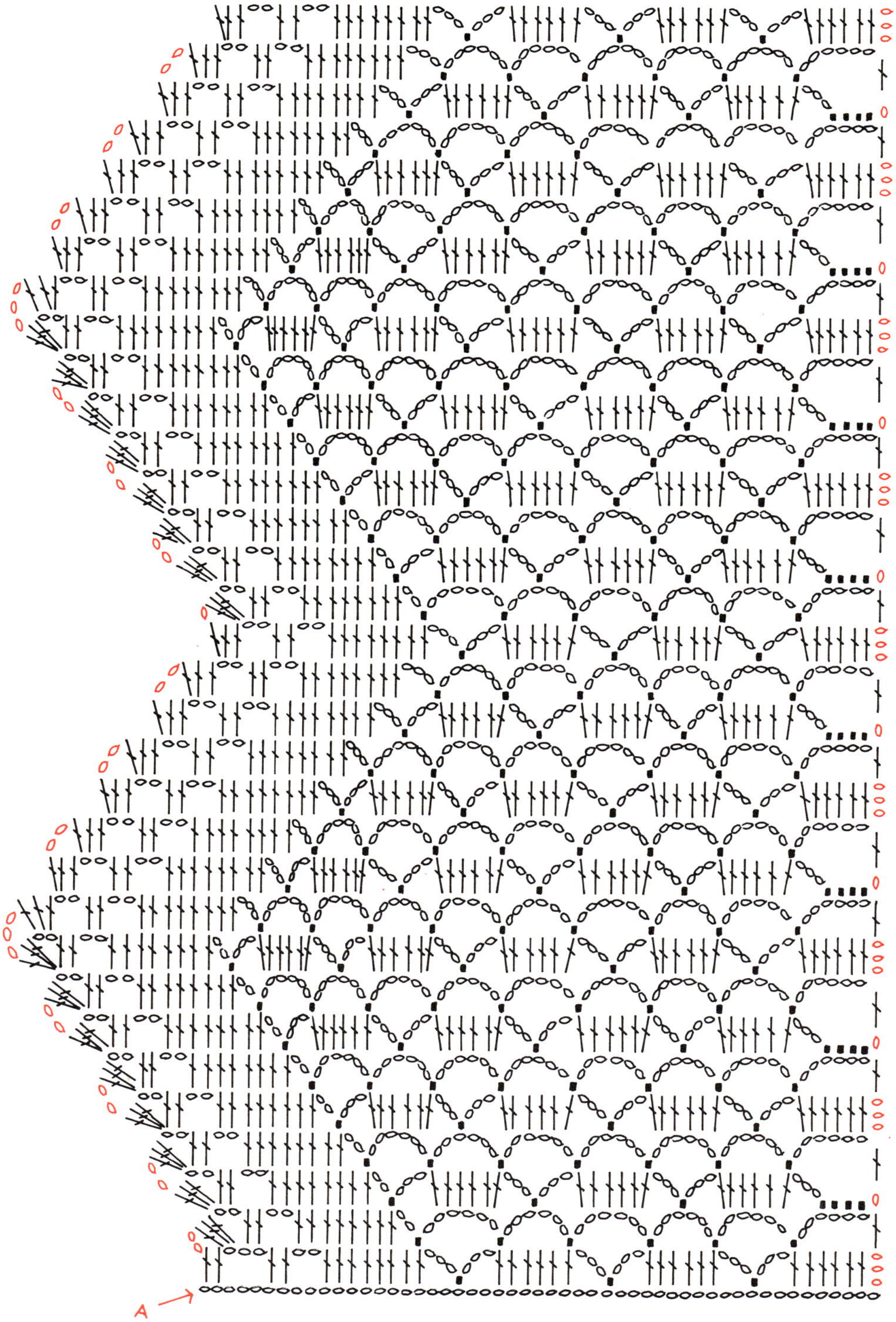
A

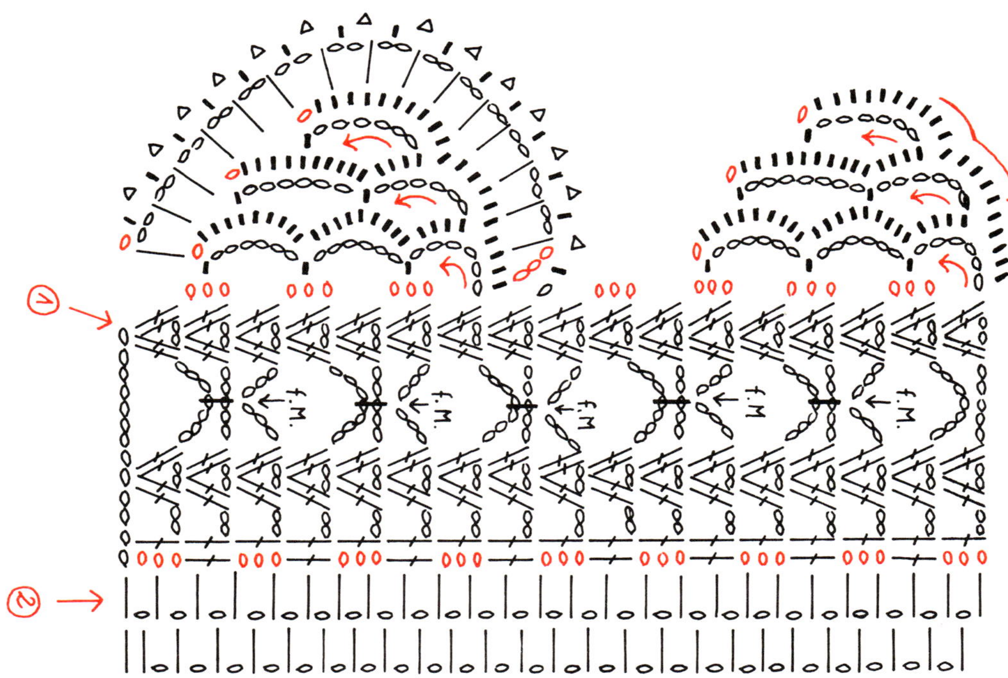

①
②
f.M.
f.M.
f.M.
f.M.
f.M.

Bei den festen Maschen in das hintere Maschenglied einstechen.

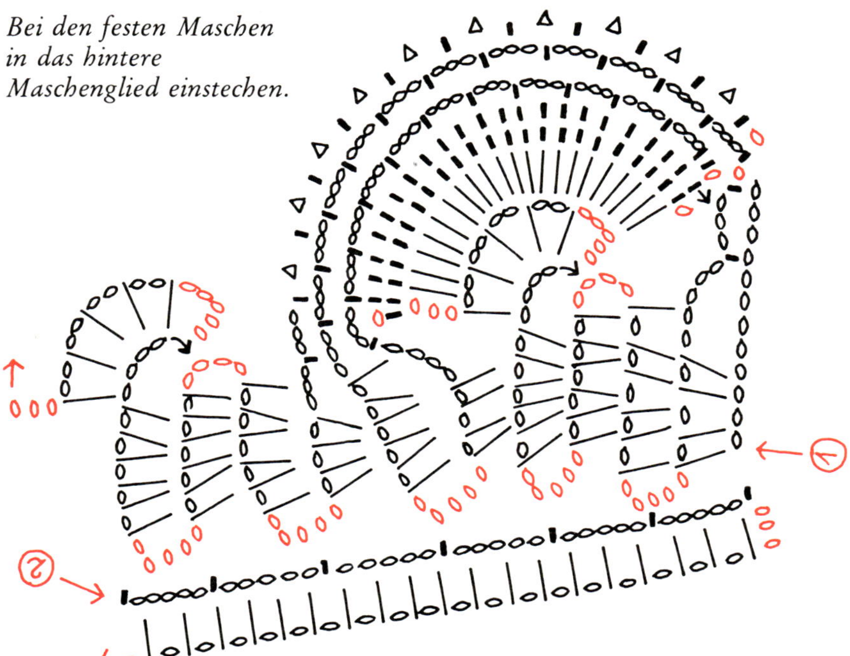

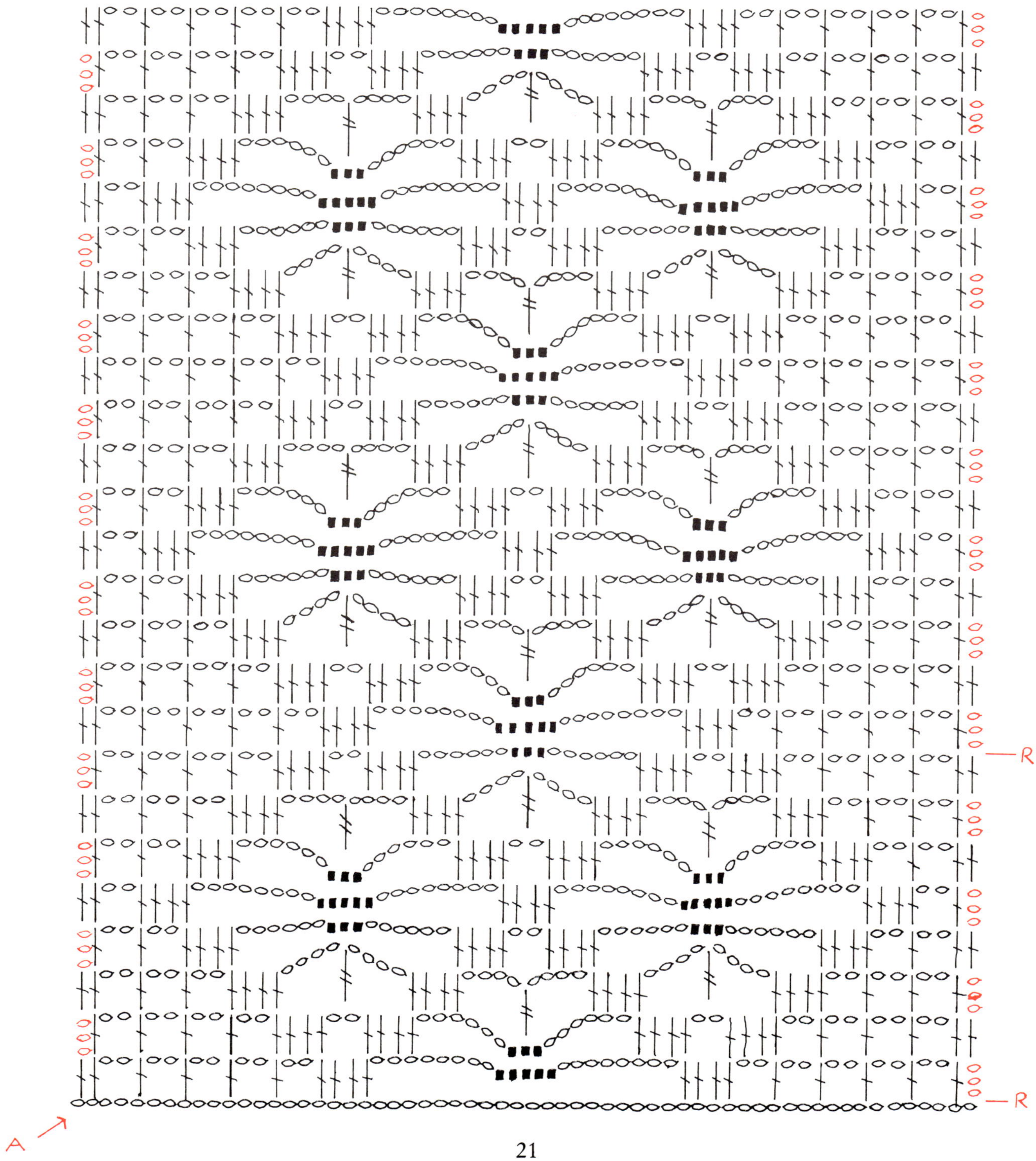
R
R
A

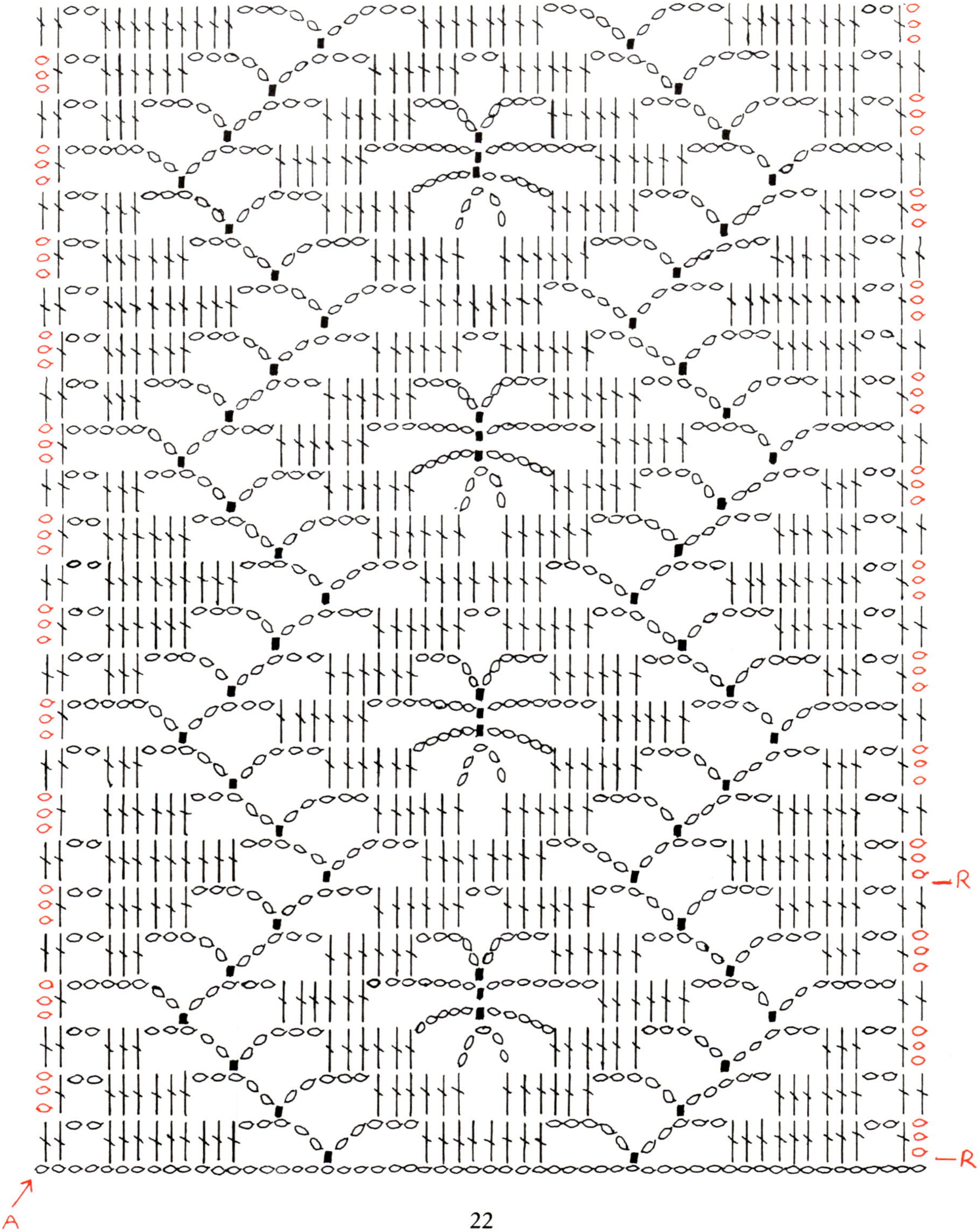
R
R
A

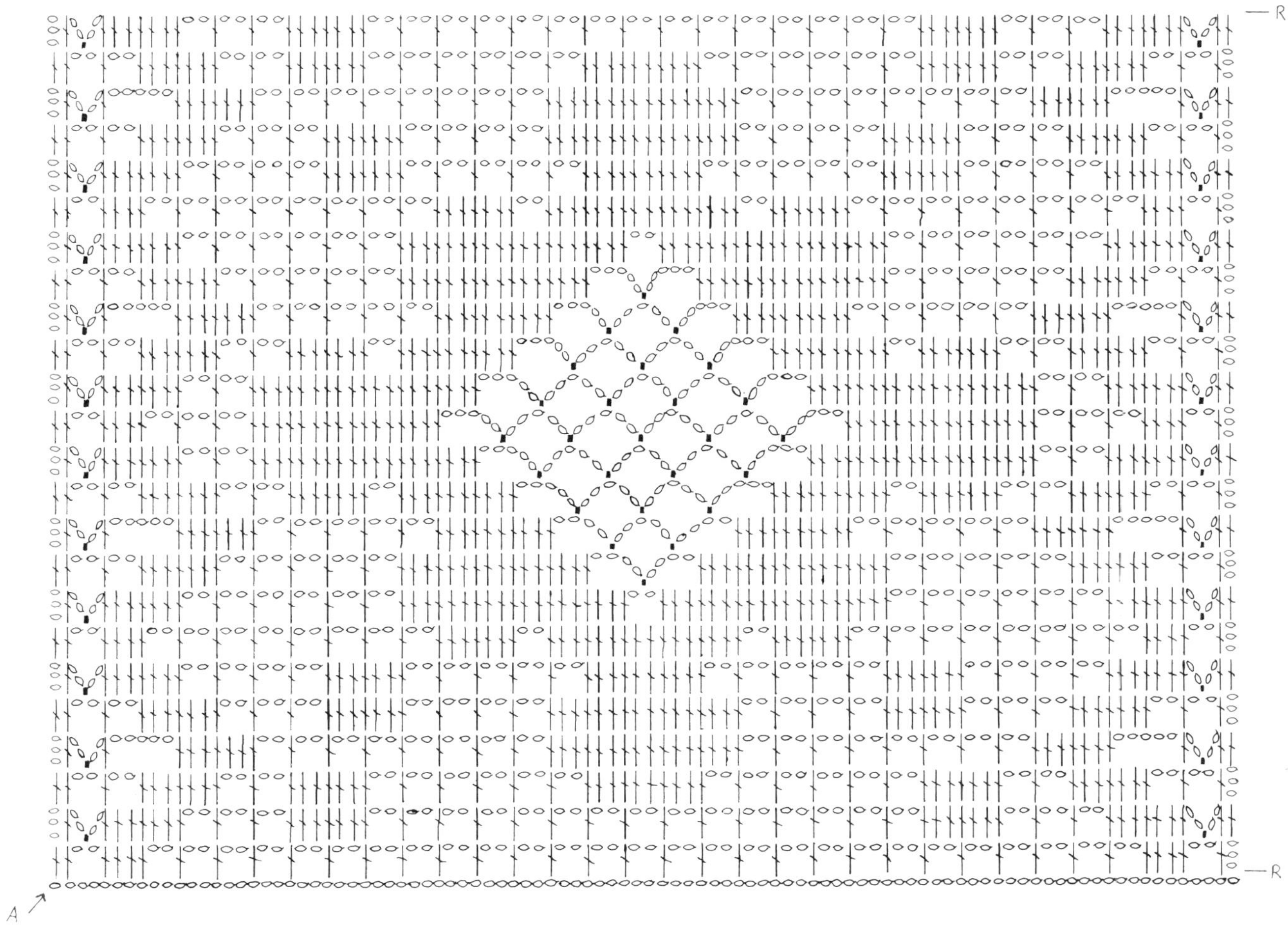

R
R
A

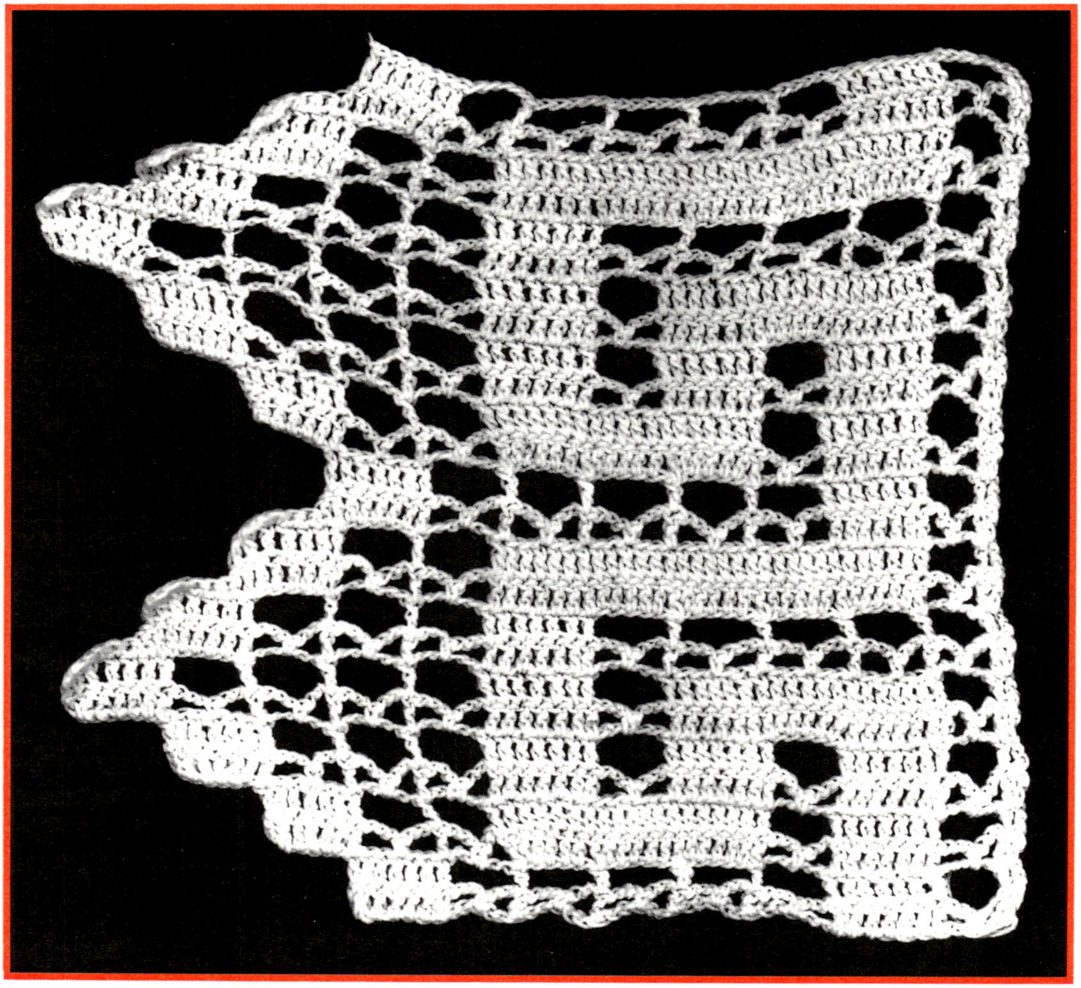

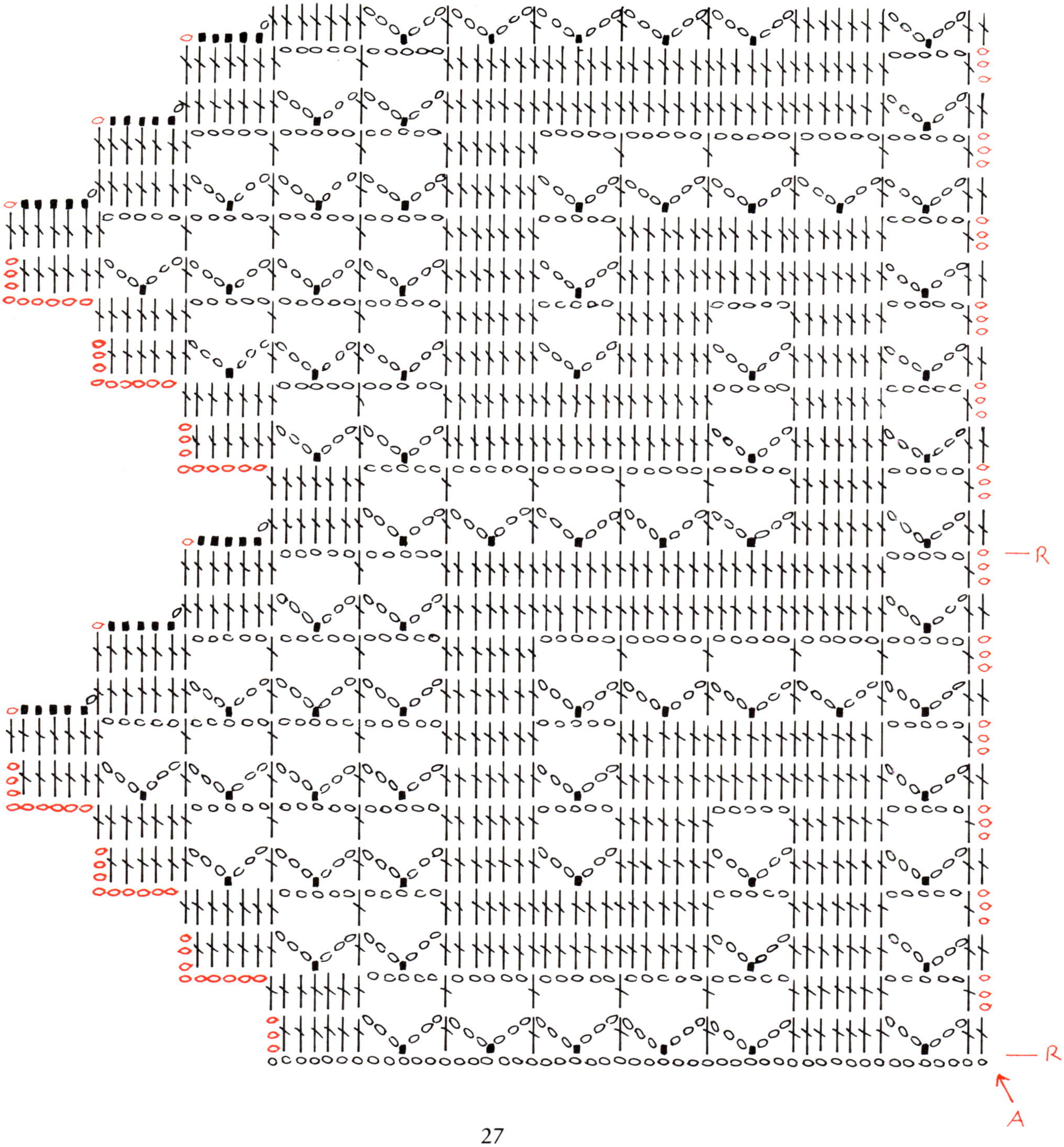
R
R
A

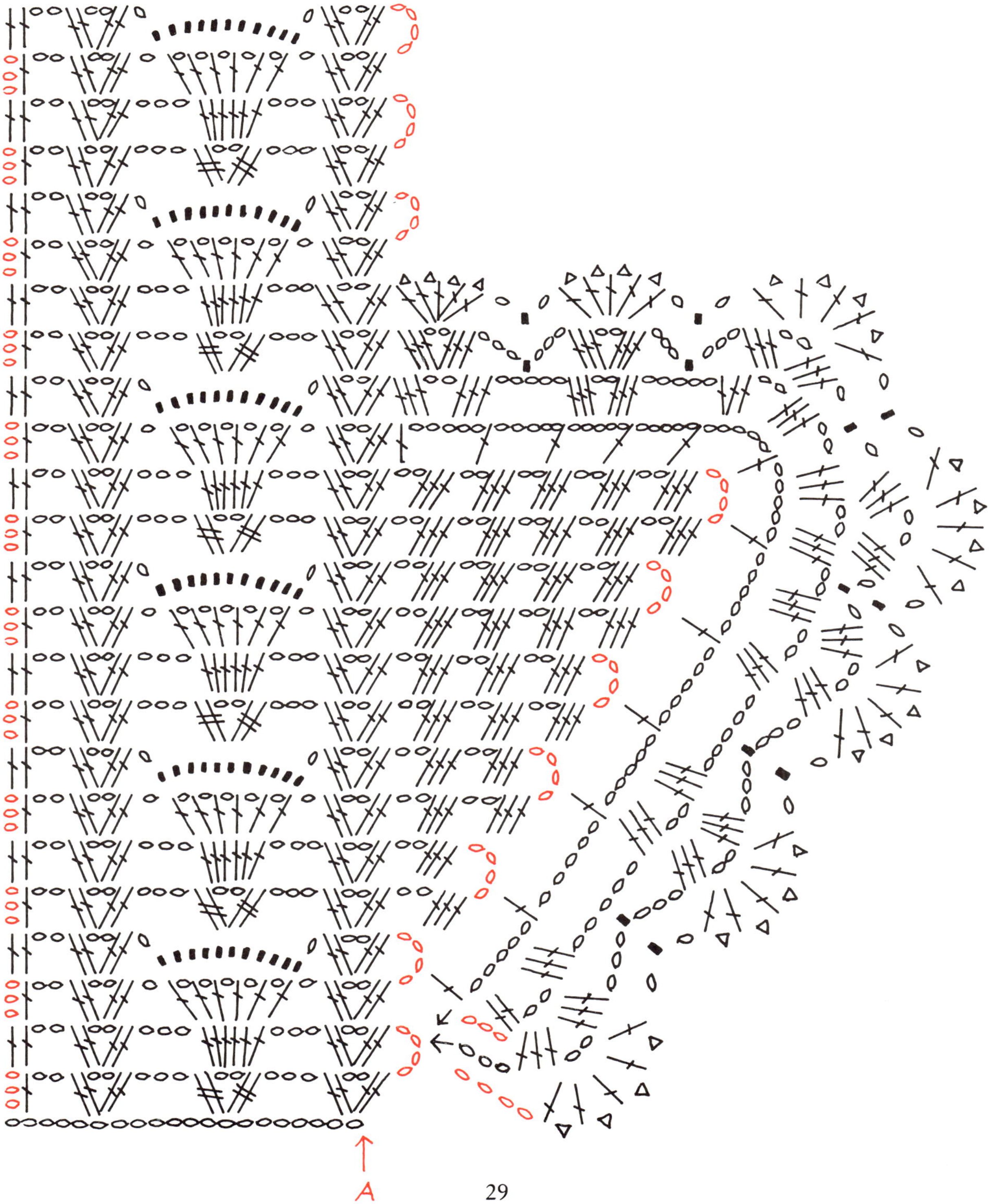

A

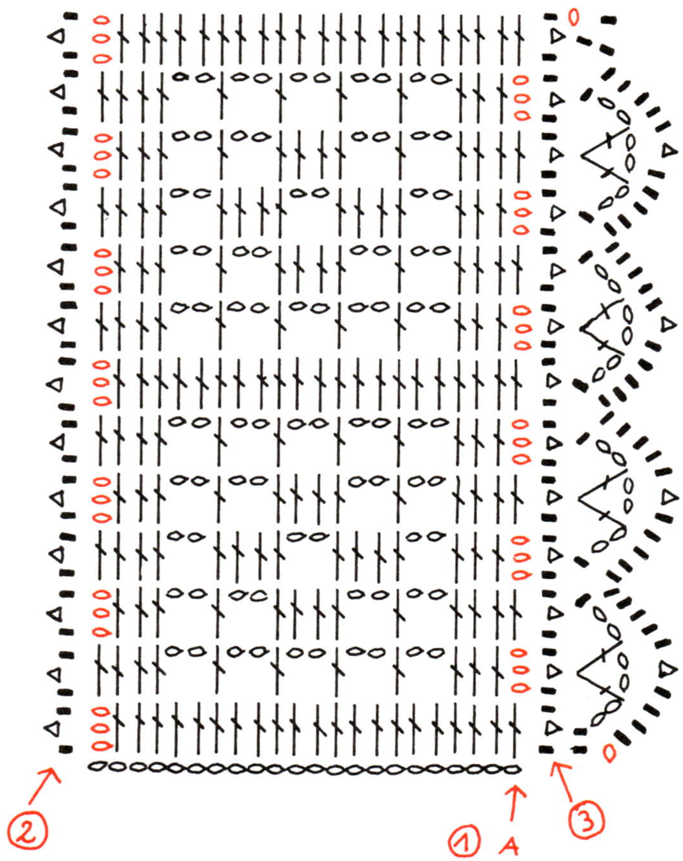

Dieses Muster ist auf Seite 18 oben in Farbe abgebildet

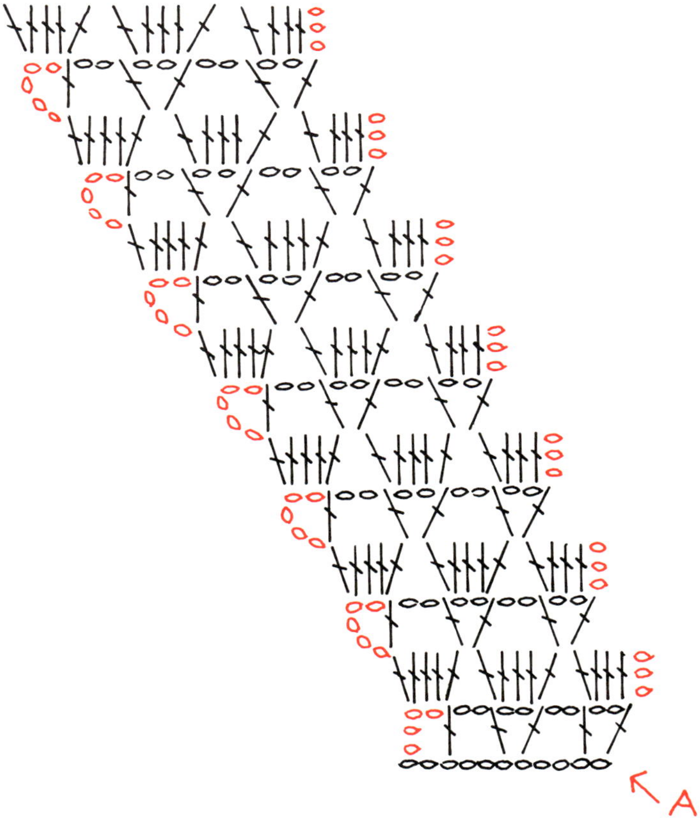
A

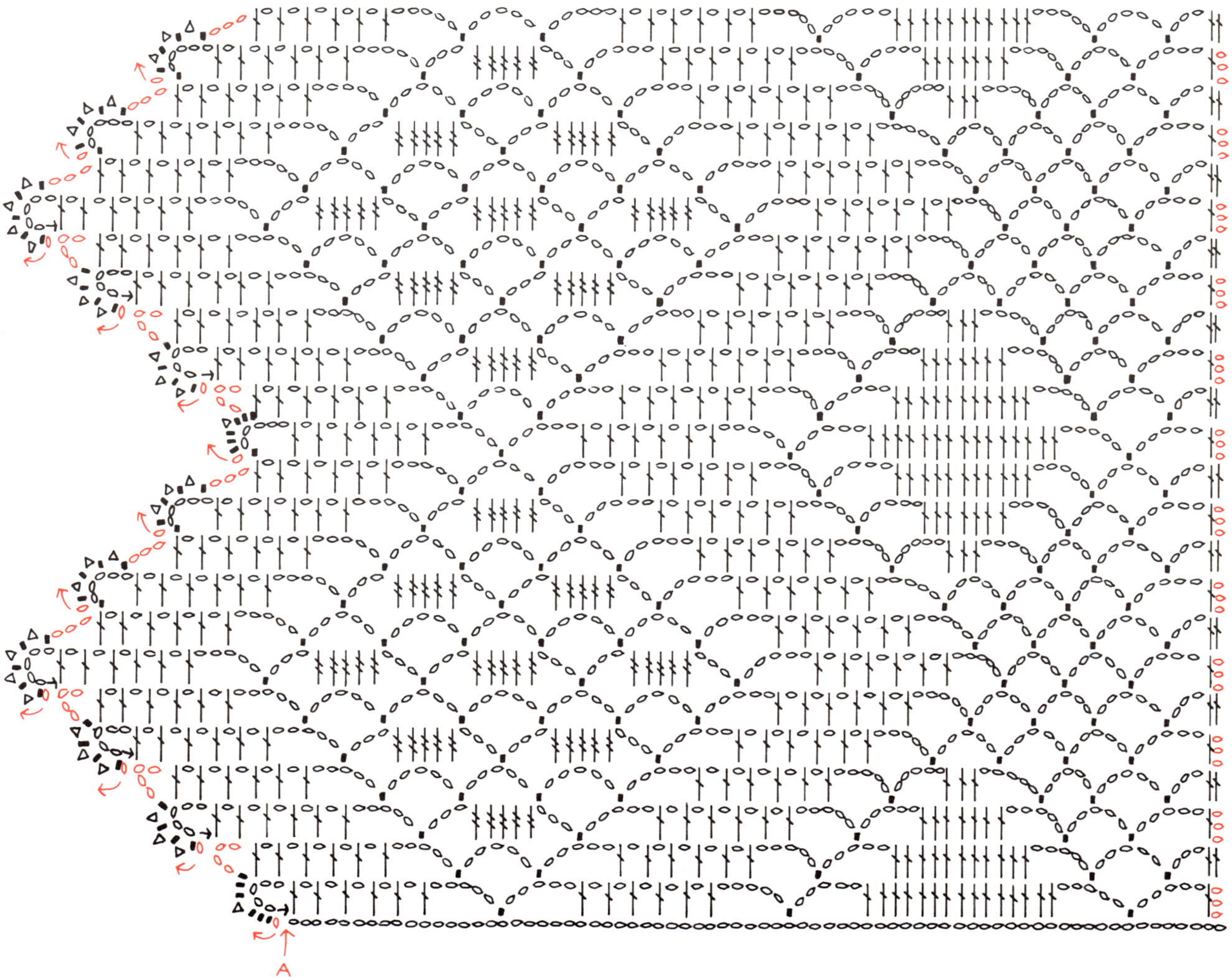
A

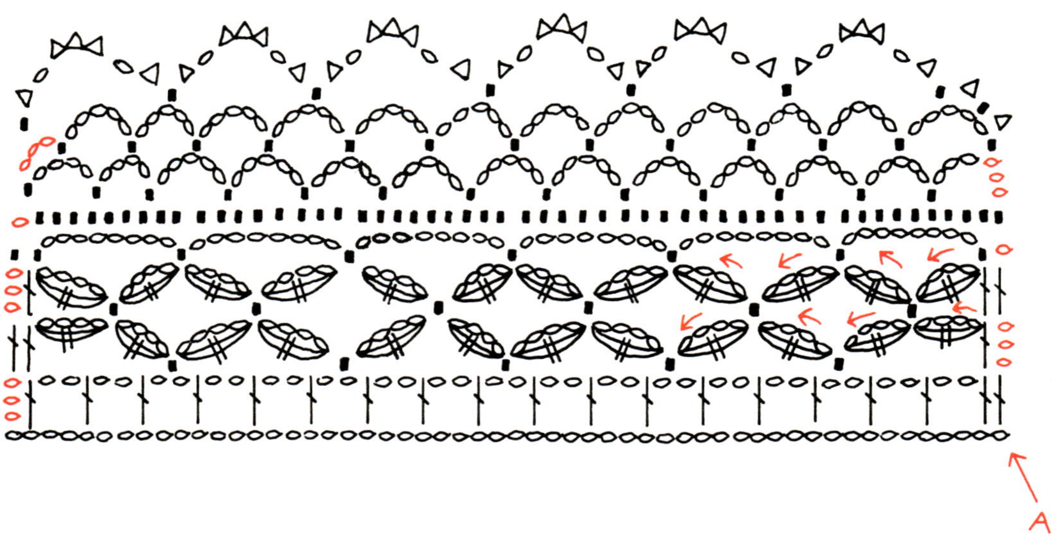
A

Zuerst die runden Motive arbeiten, verbinden,
und dann den ② und ③ Arbeitsgang anhäkeln.

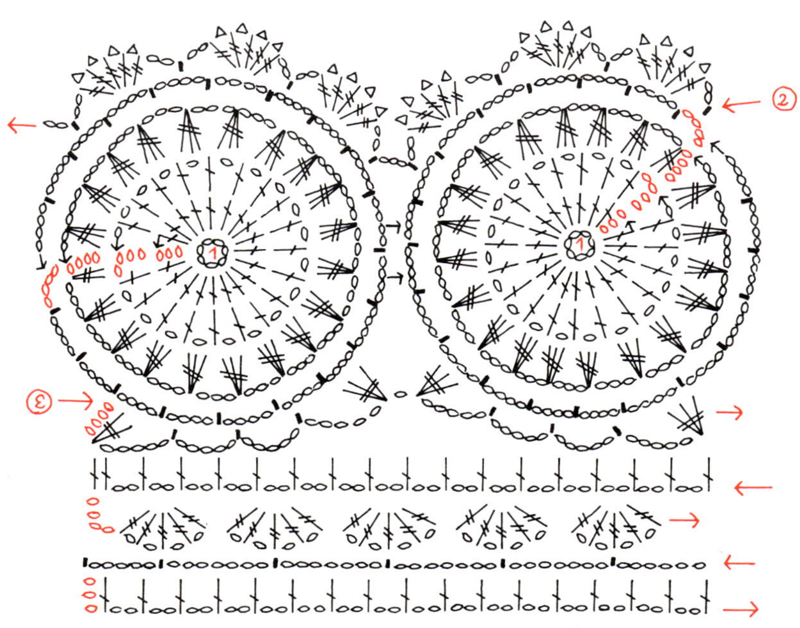

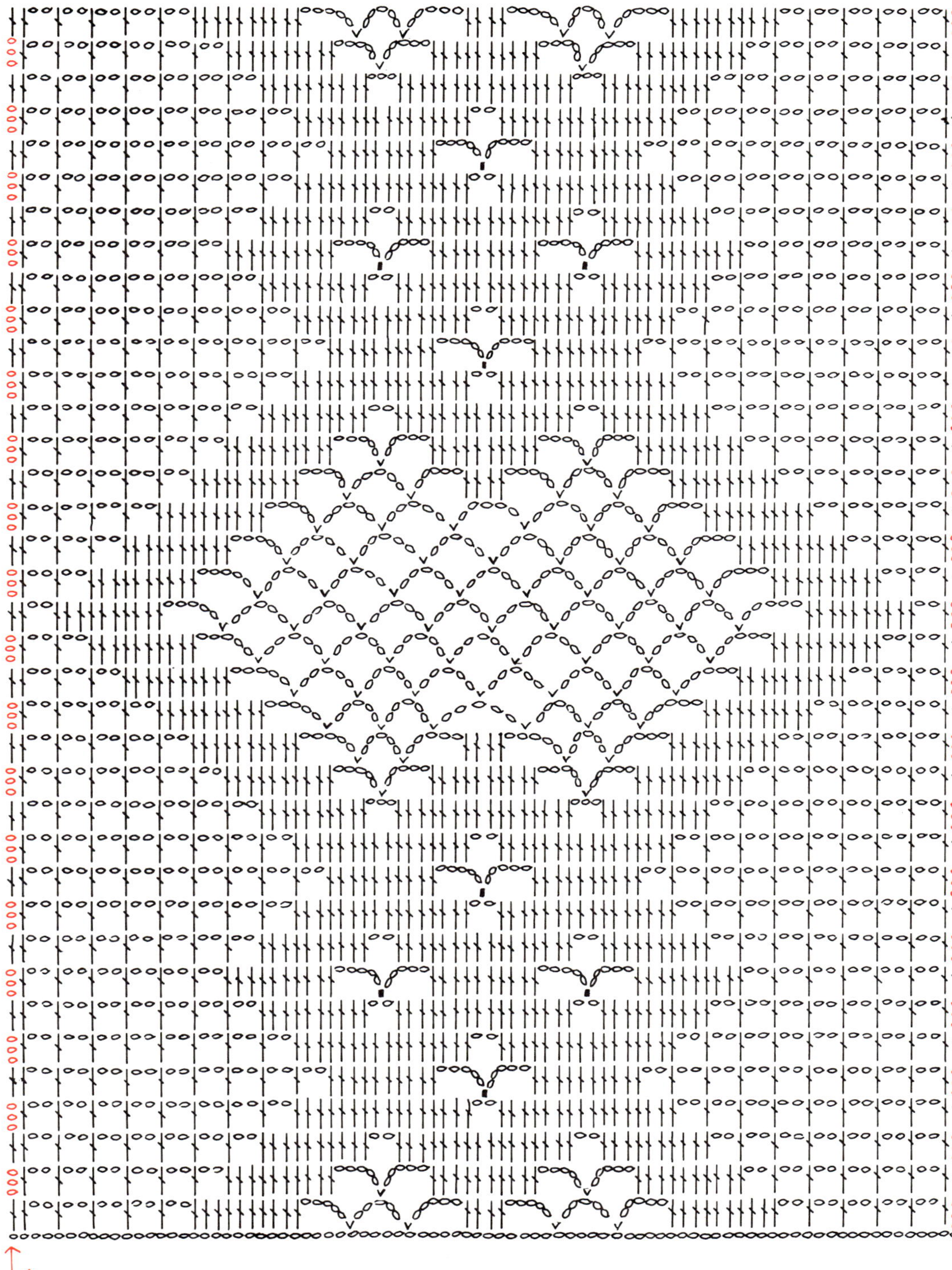
A

Bei den festen Maschen von Teil ①
in das hintere Maschenglied einstechen.
Mit Arbeitsgang ③ werden die Motive verbunden.
④ wird über die fertige Arbeit gehäkelt.

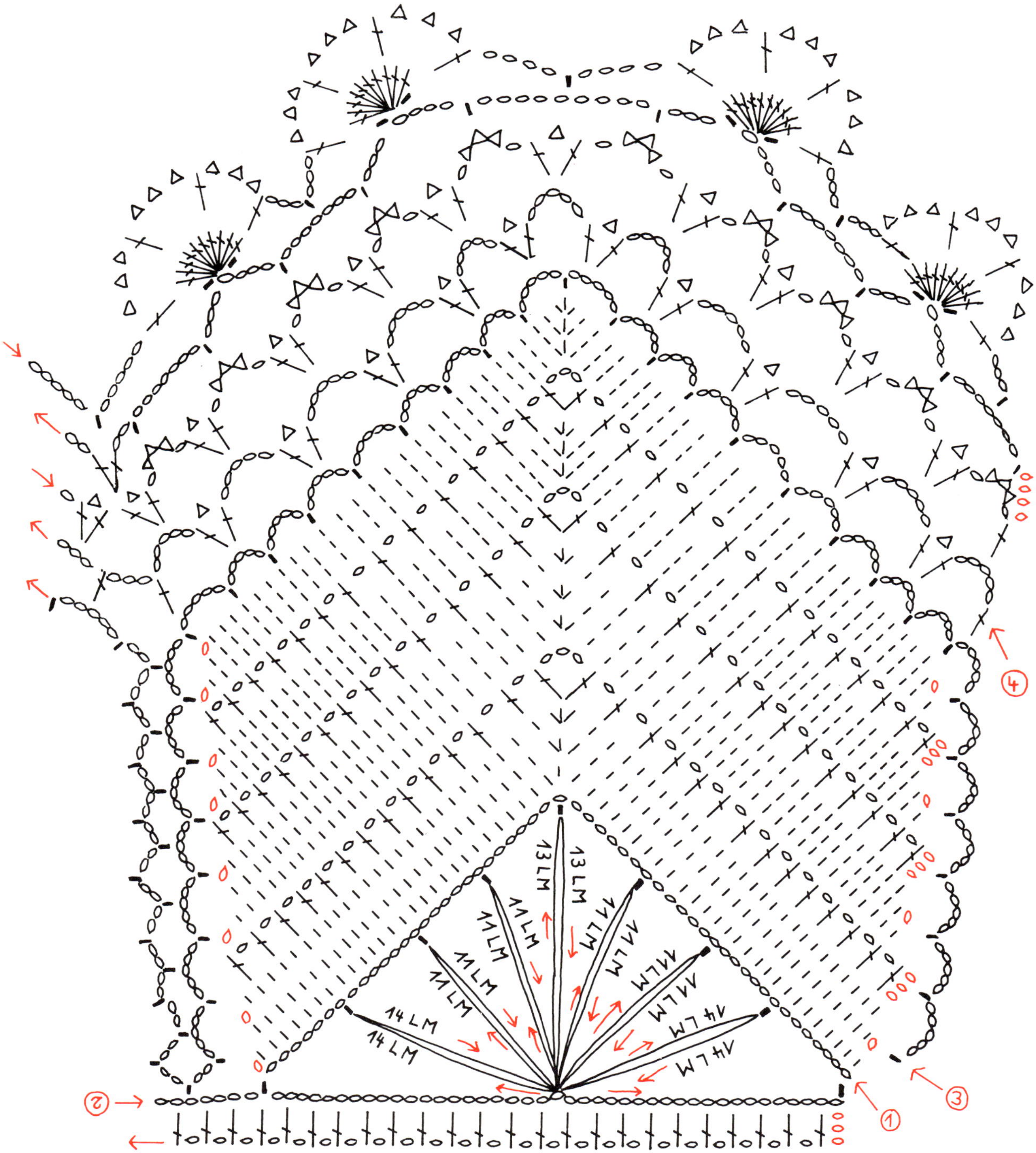

13 LM
13 LM
11 LM
11 LM
11 LM
11 LM
11 LM
11 LM
11 LM
11 LM
14 LM
14 LM
14 LM
14 LM
①
②
③
④

Dieses Muster ist auf Seite 17 oben in Farbe abgebildet

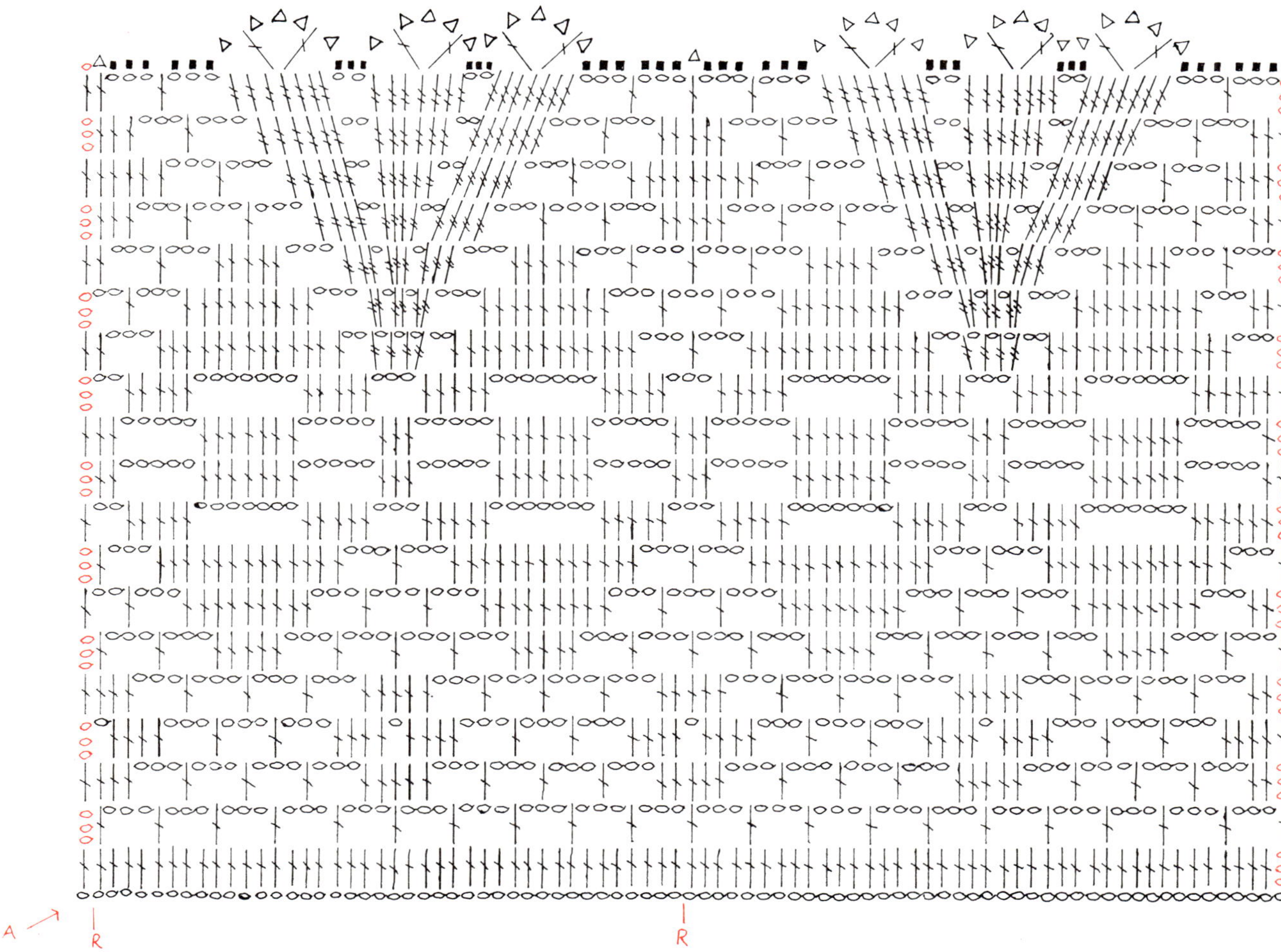
A
R
R

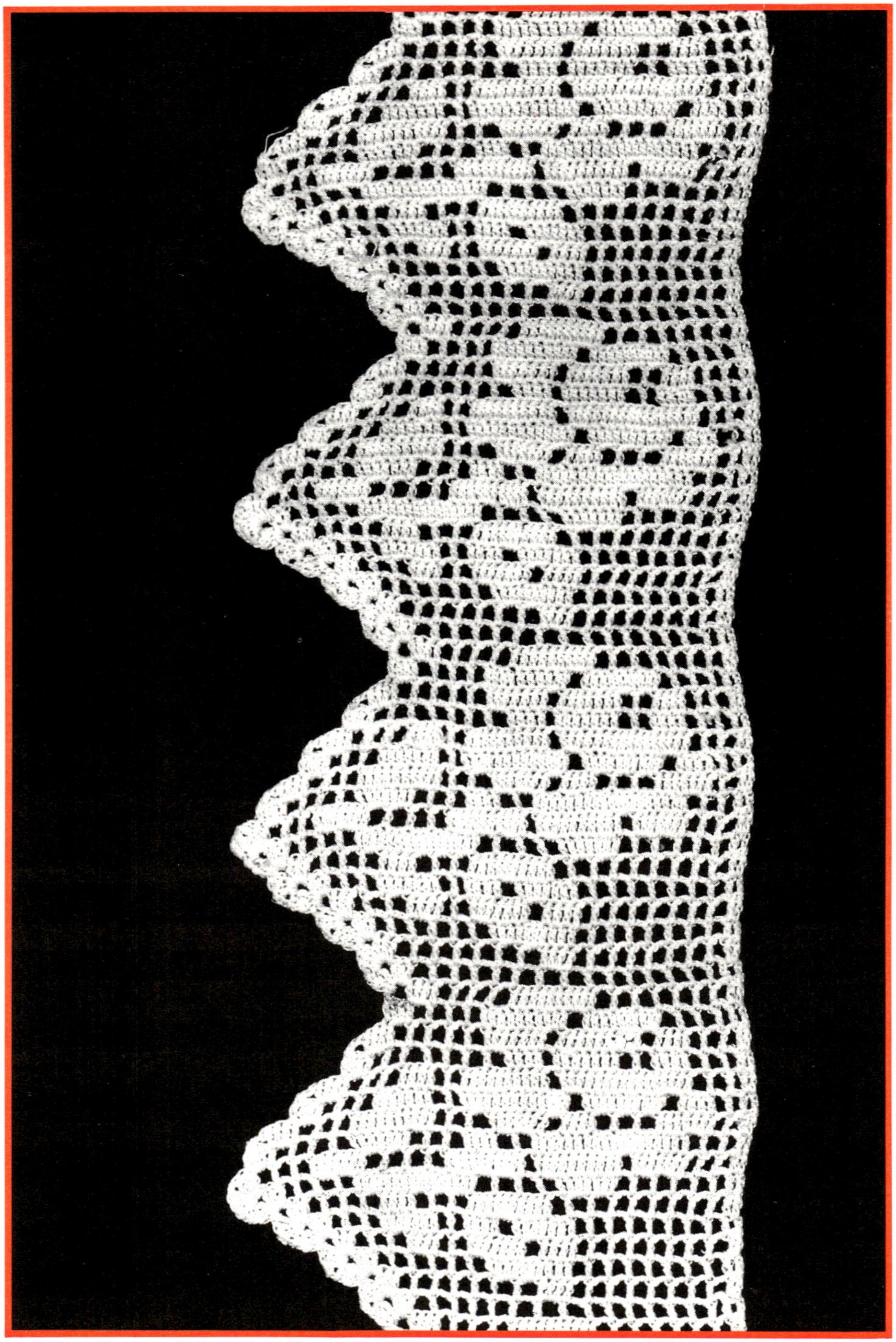

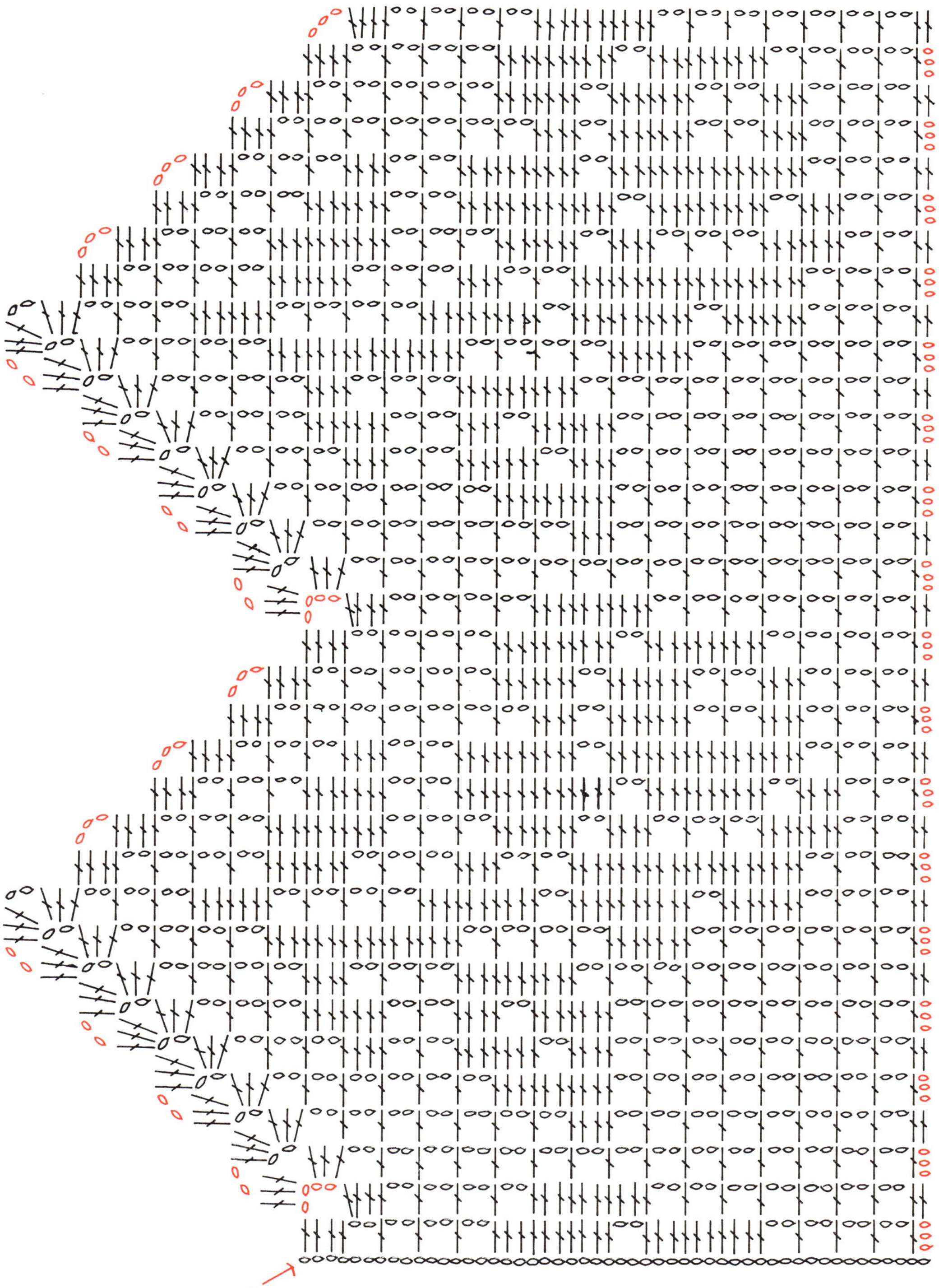
A

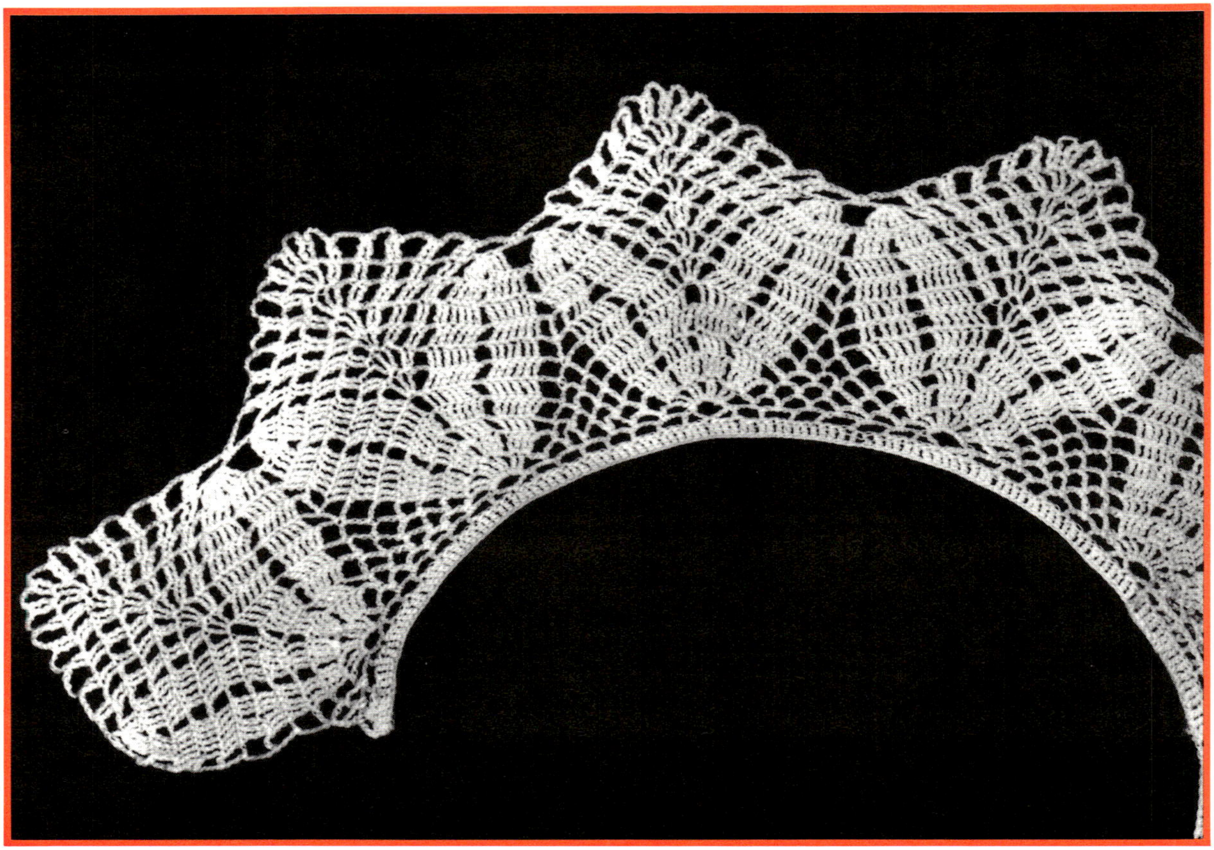

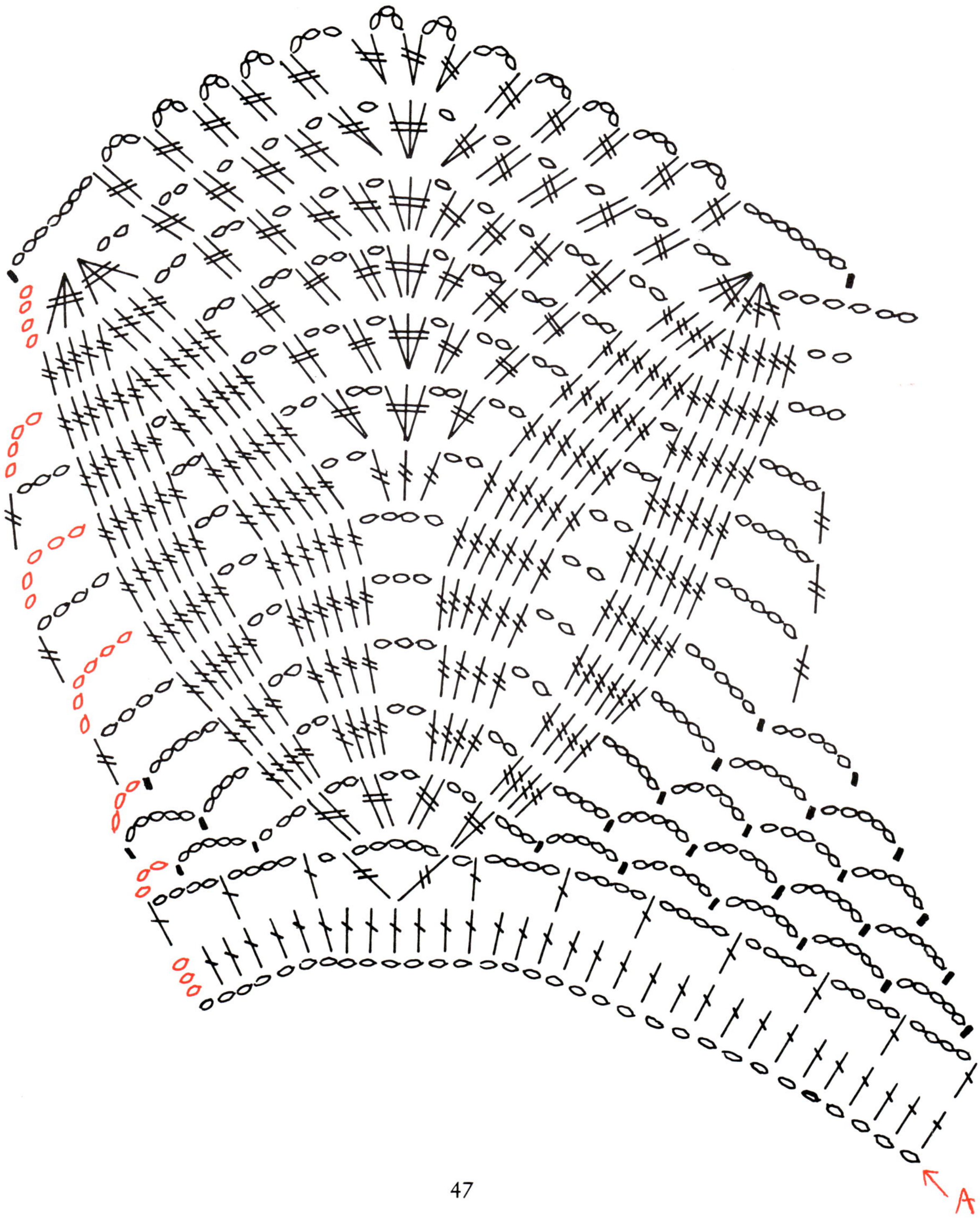
A

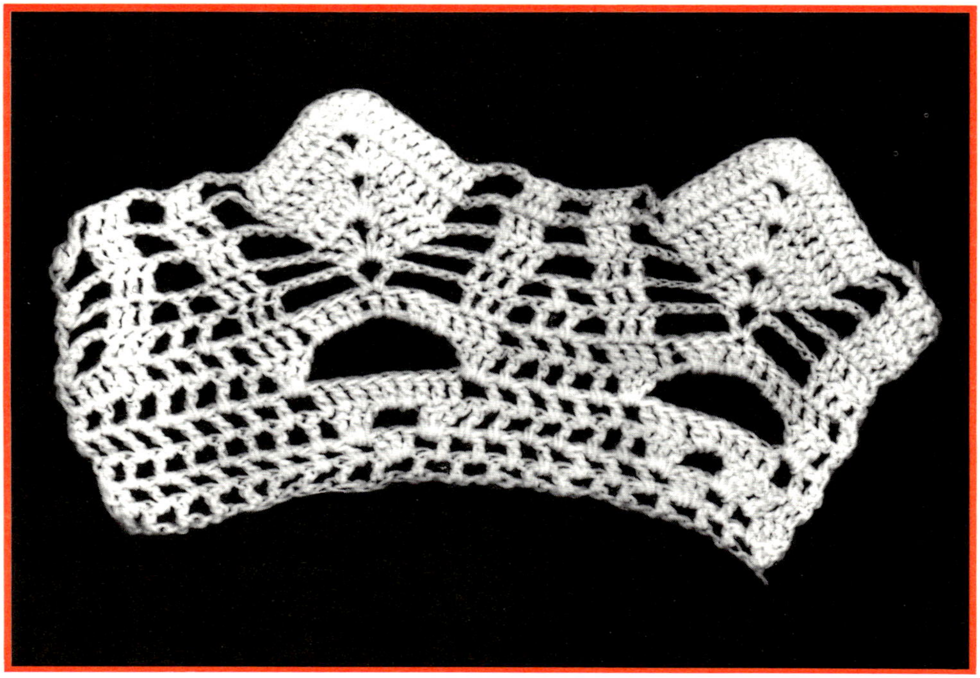

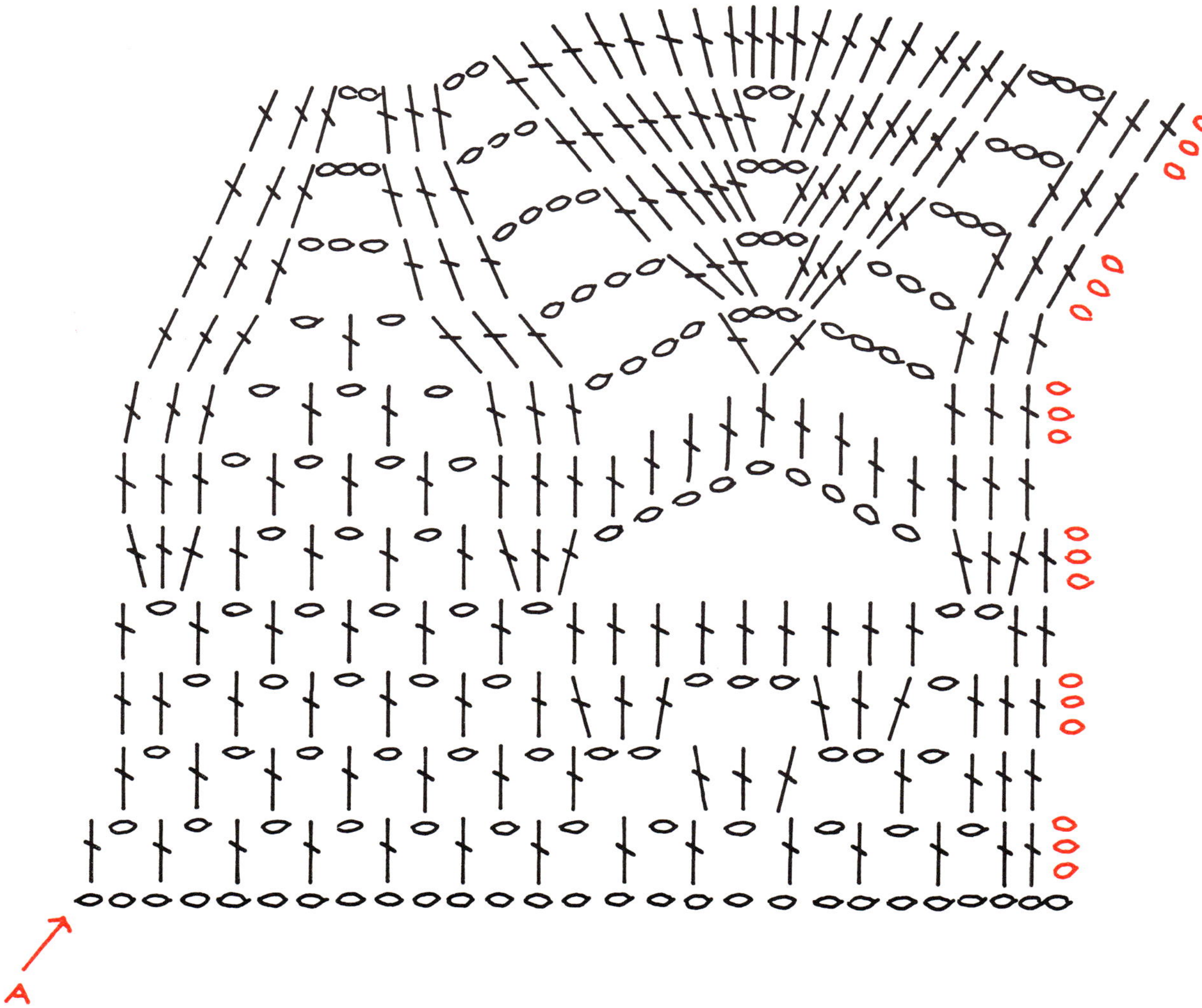
A

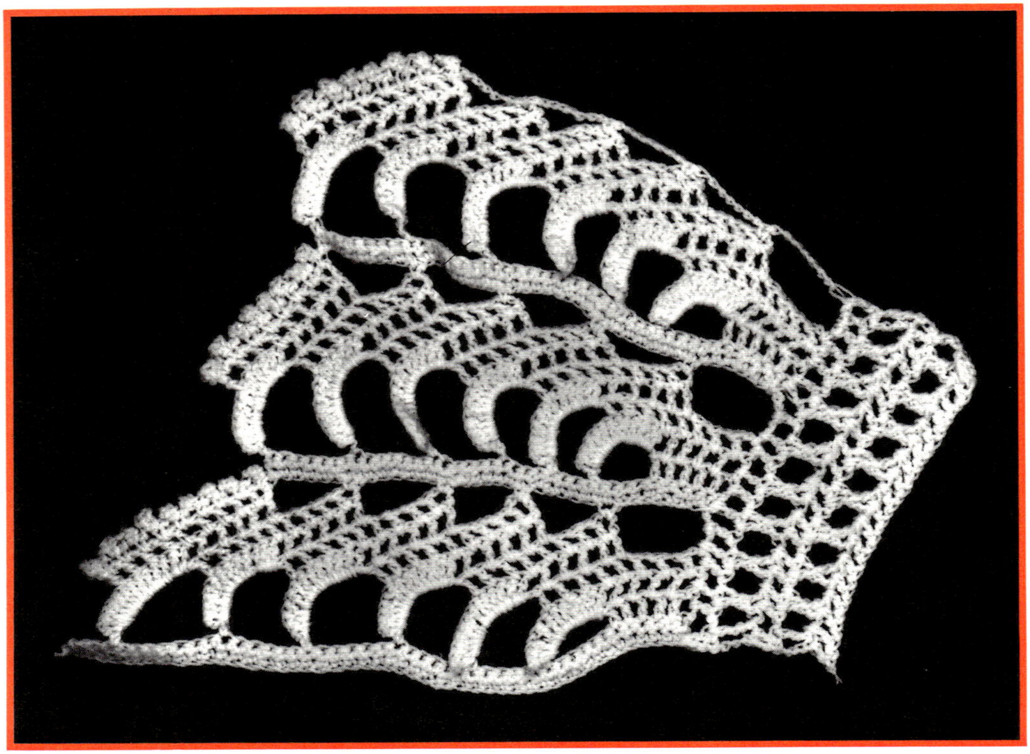

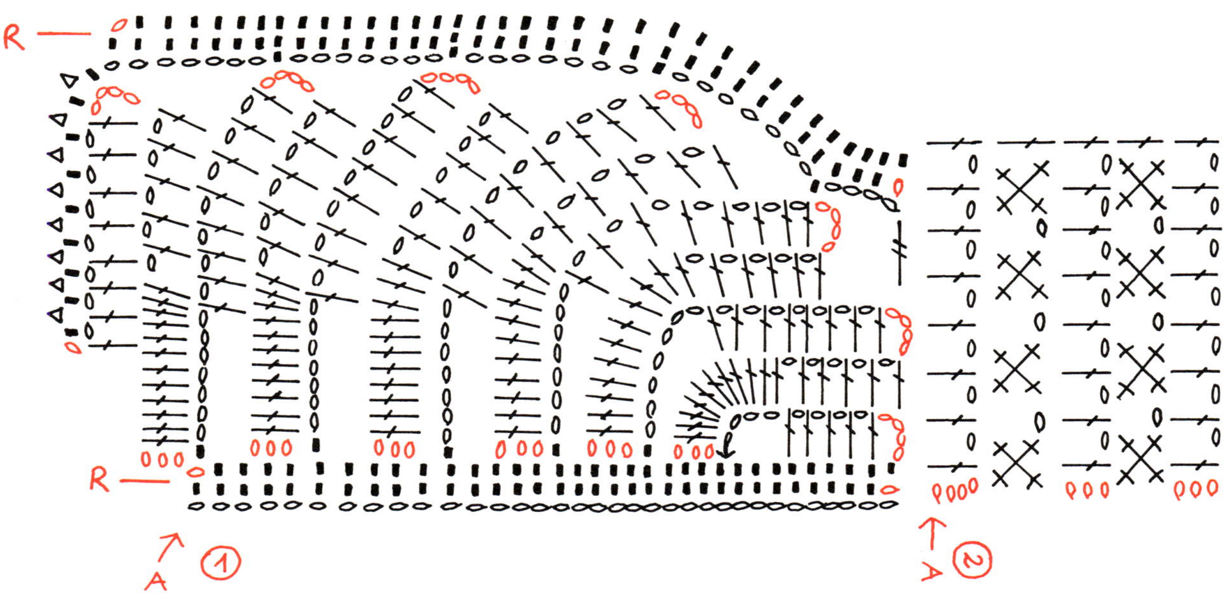
R
R
A
1
A
2

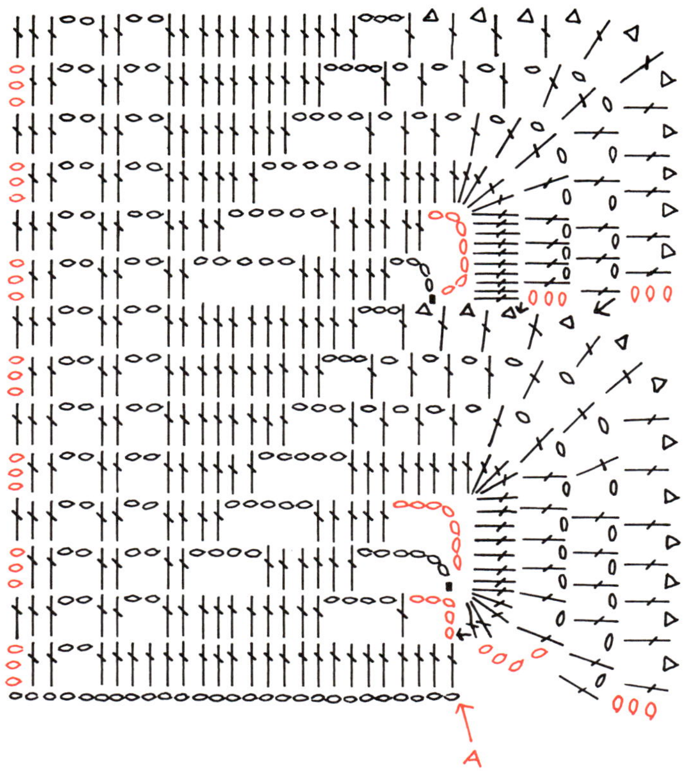
A

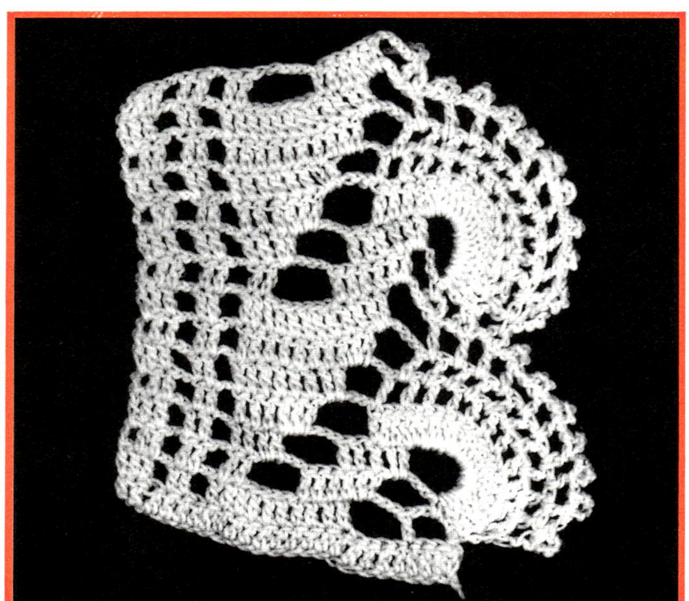

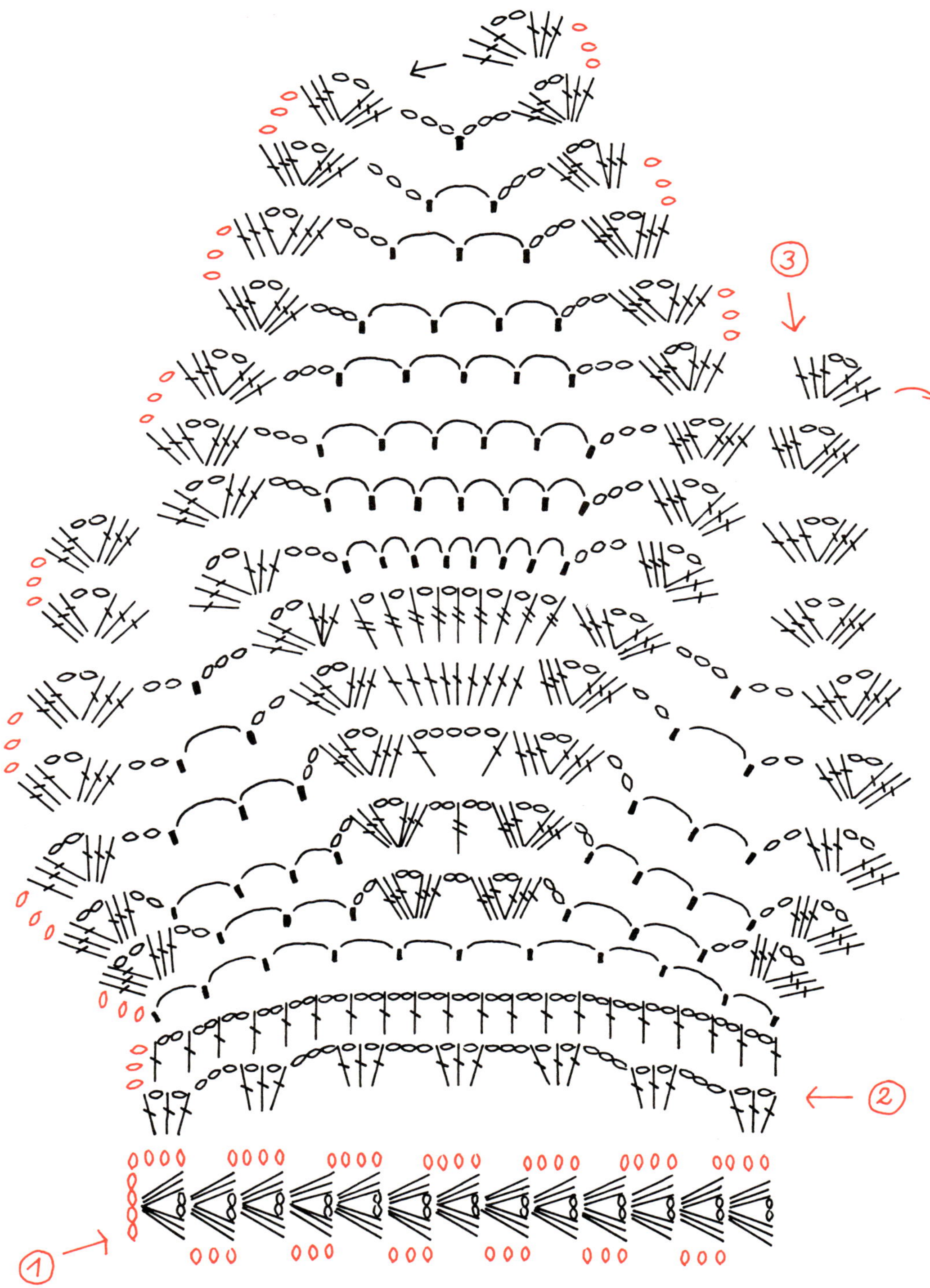

3
2
1

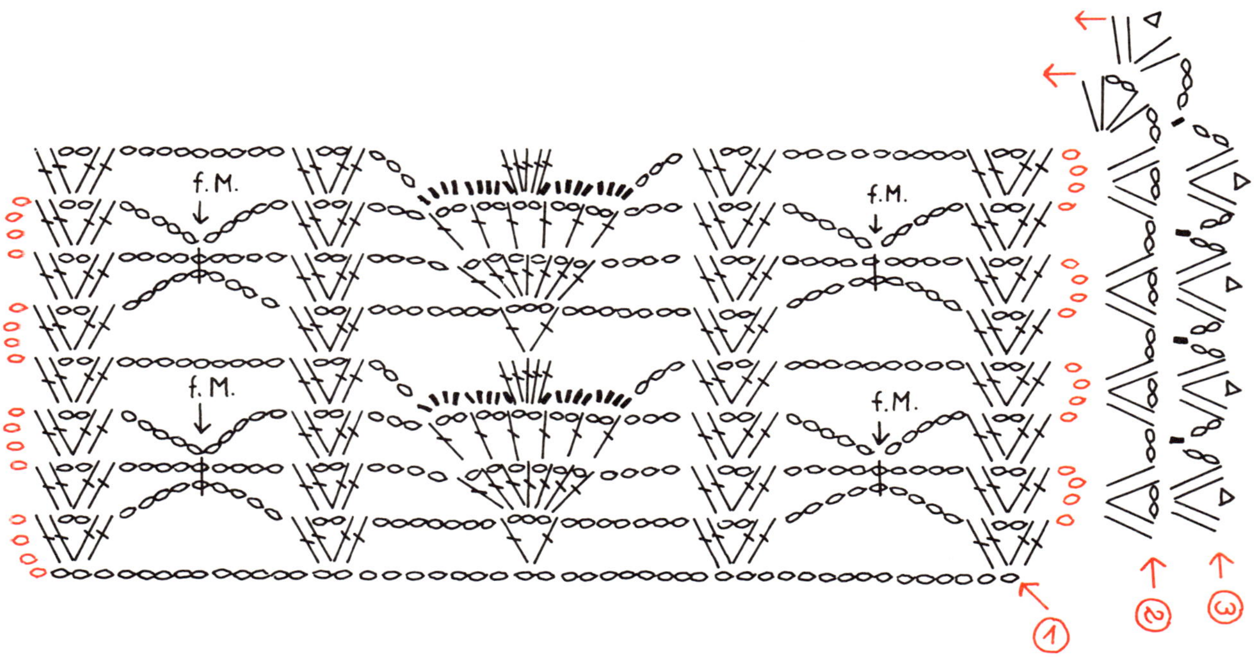

Reihe ② und ③ kann als Randverzierung um den fertigen Gegenstand gehäkelt werden.

Dieses Muster ist auf Seite 35 oben in Farbe abgebildet

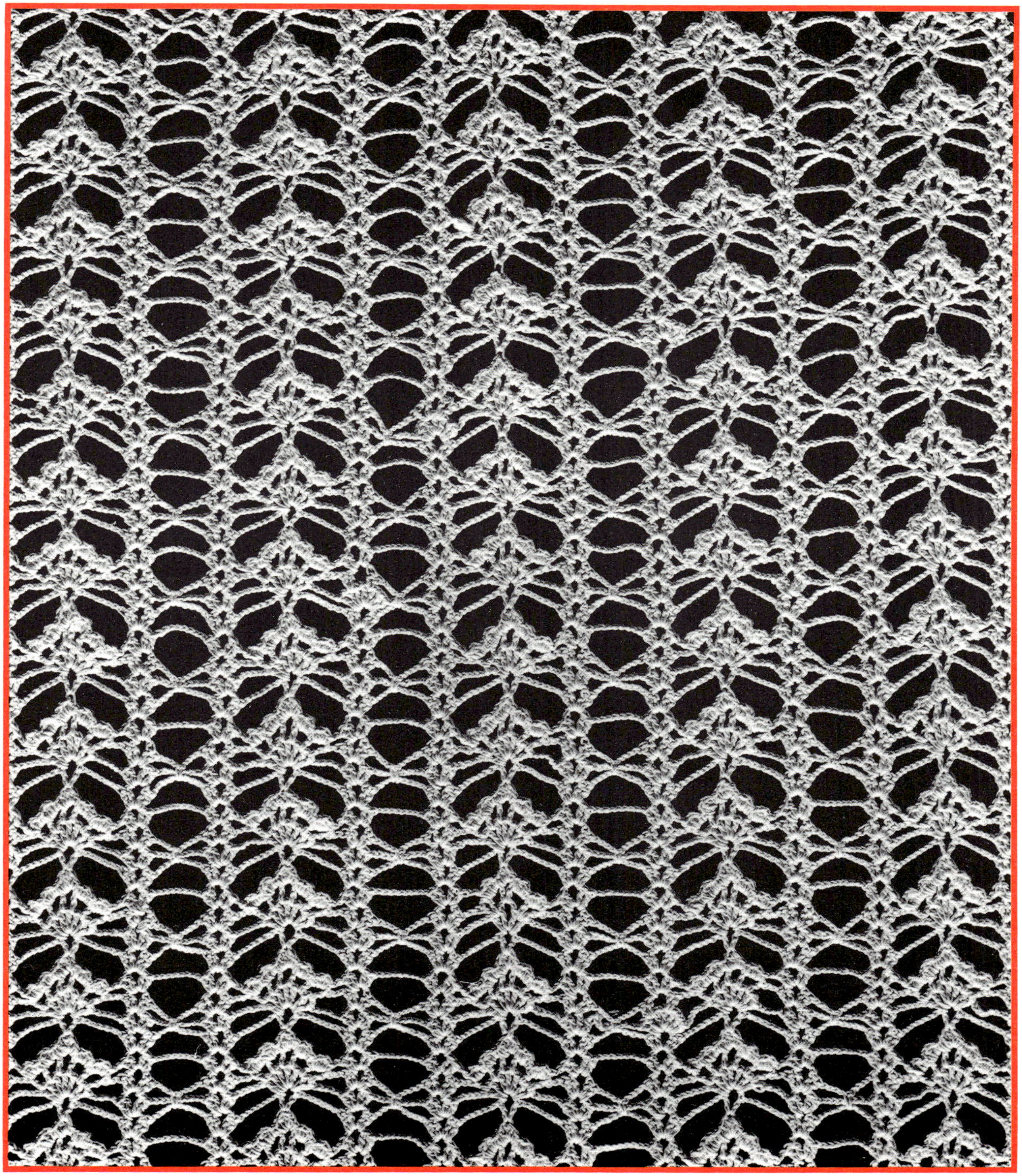

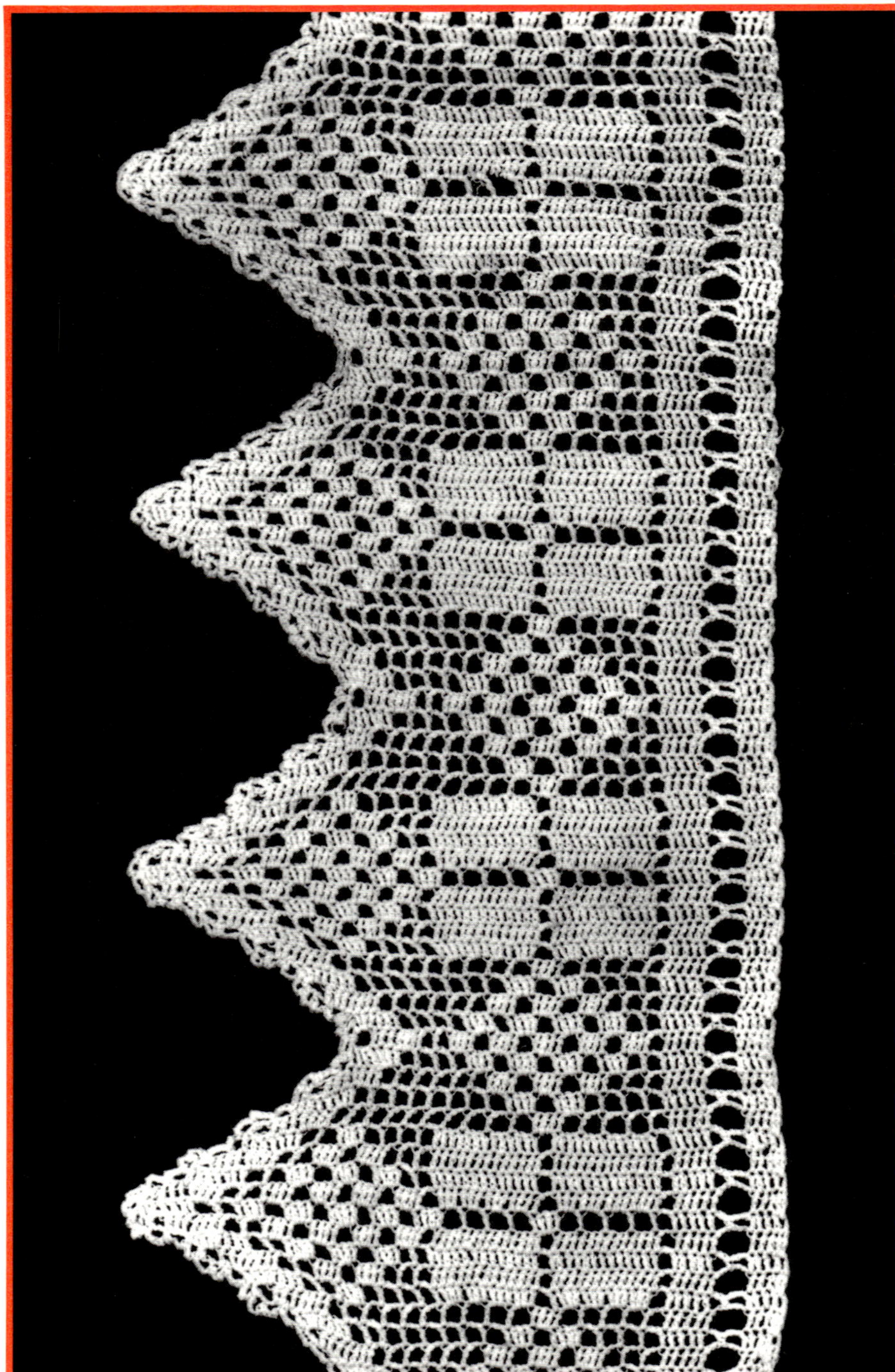

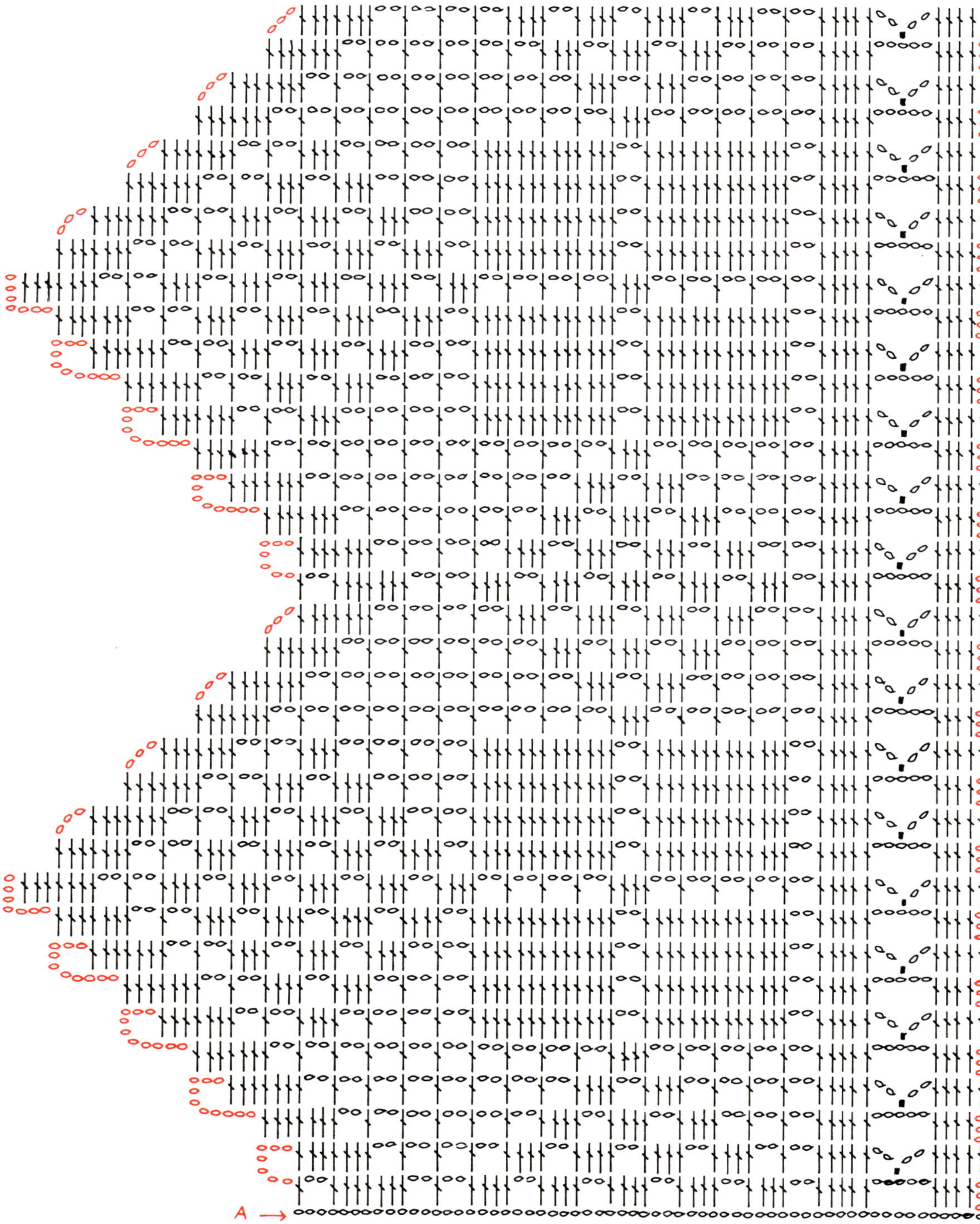
A

Die einzelnen Motive (siehe Foto) verbinden,
bei den beiden inneren festen Maschenreihen nur in das
hintere Maschenglied einstechen.

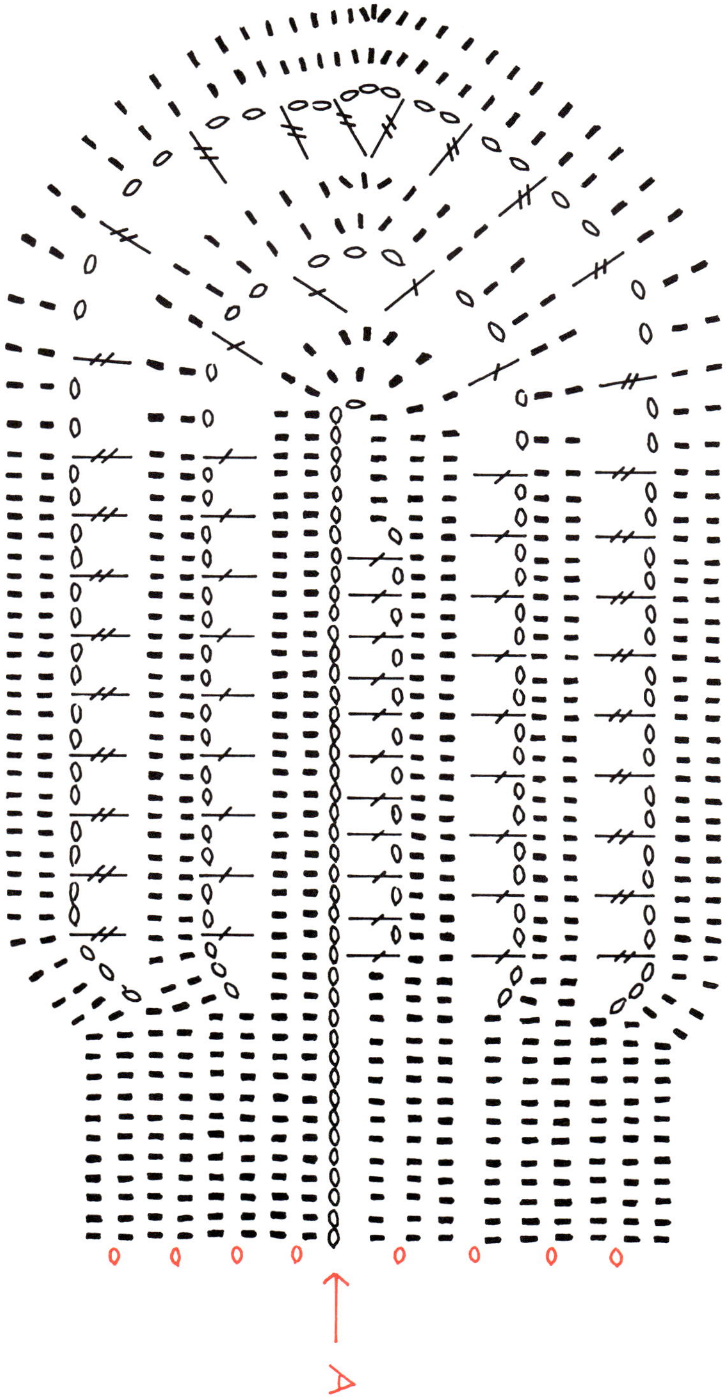
A

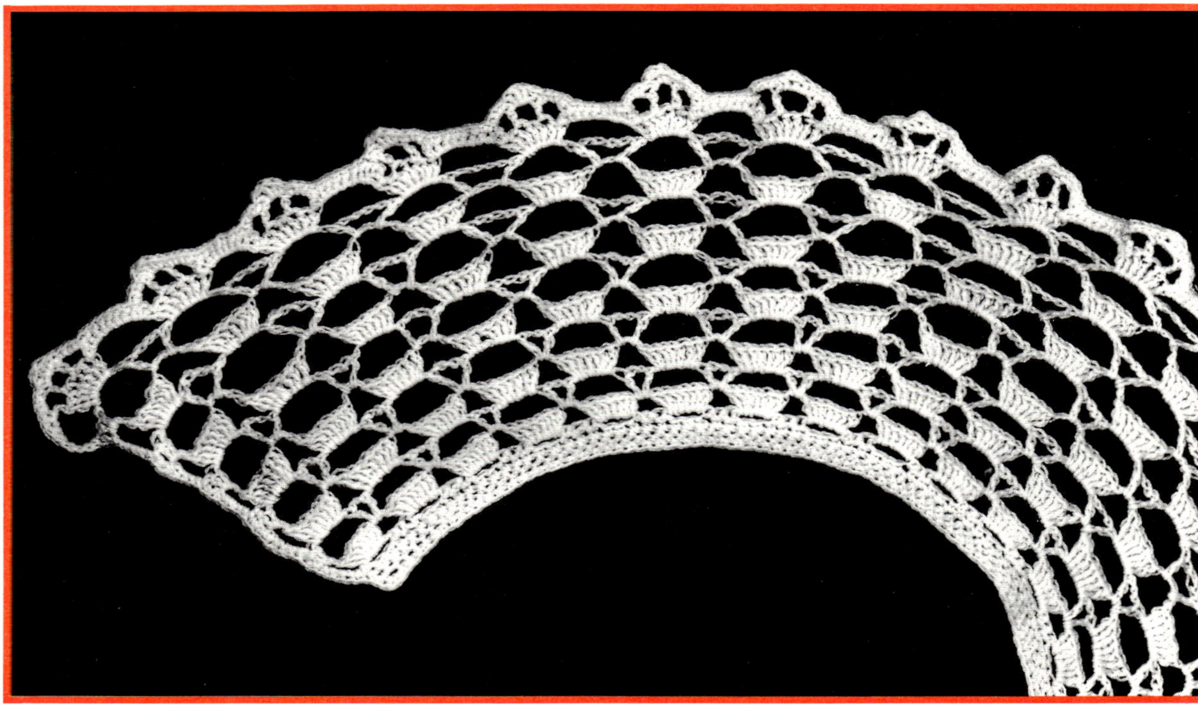

Um die Kragenrundung zu erhalten,
wird nach der 6. Reihe zwischen den 7 Stäbchen,
und in den Luftmaschenbögen darüber,
in jeder Reihe eine Luftmasche mehr gearbeitet.
Als Abschluß häkelt man eine Runde feste Maschen
um den fertigen Kragen.

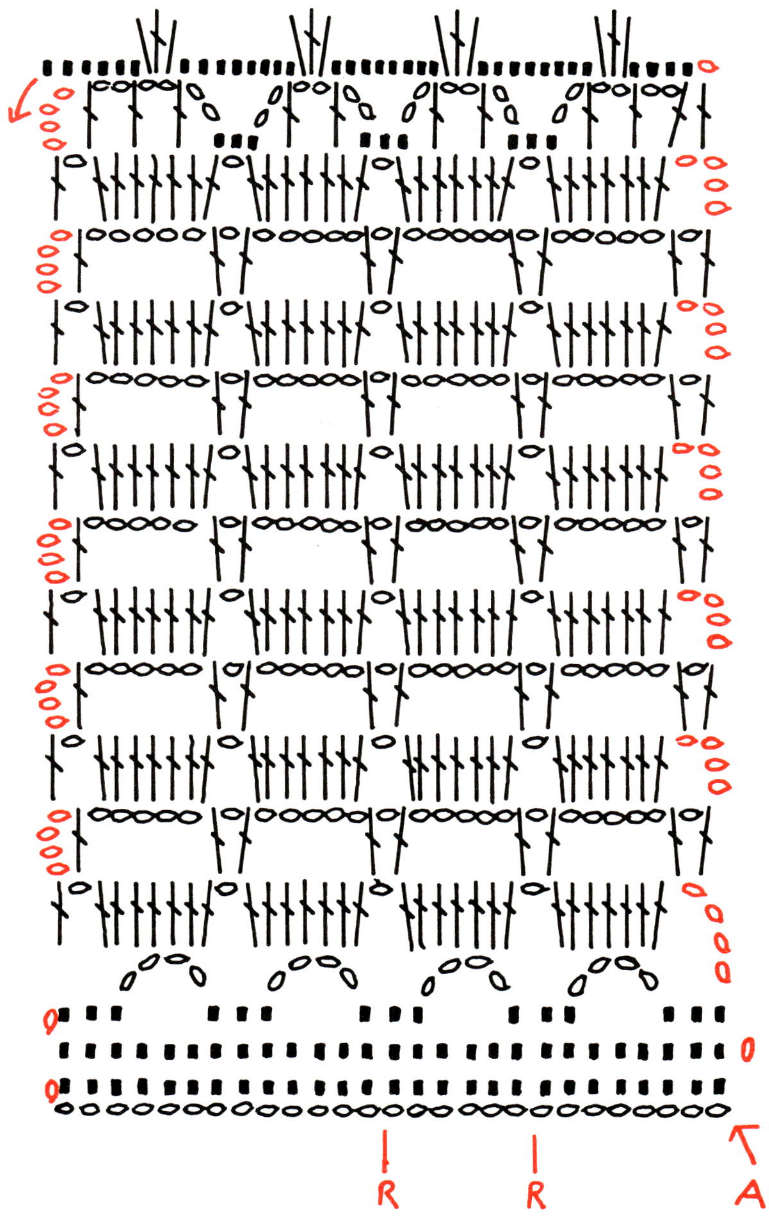
R
R
A

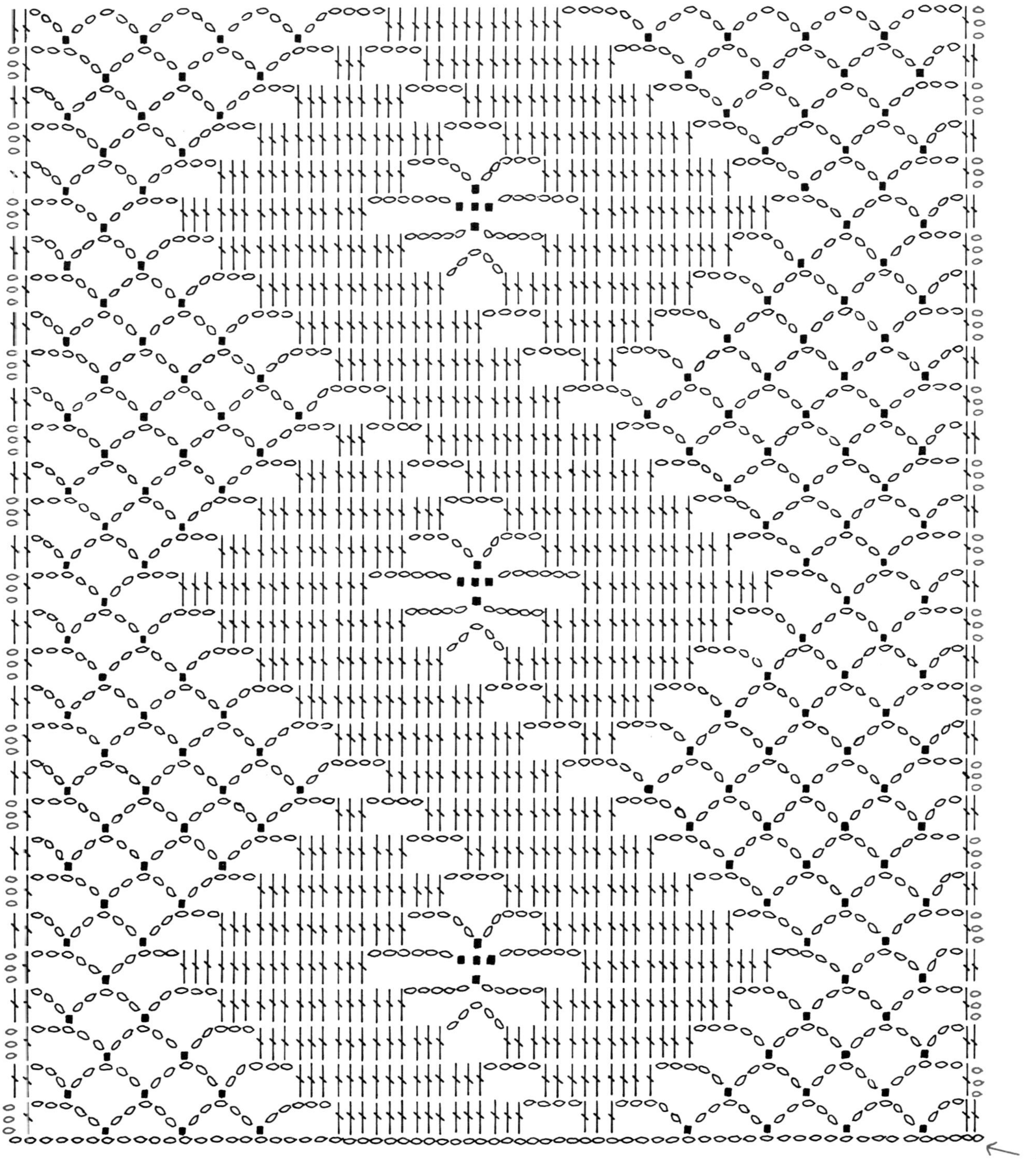
A

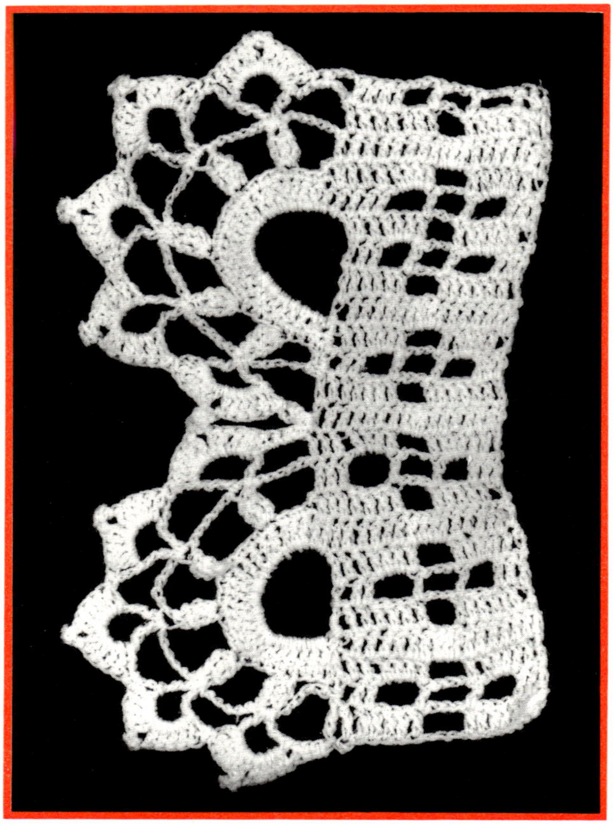

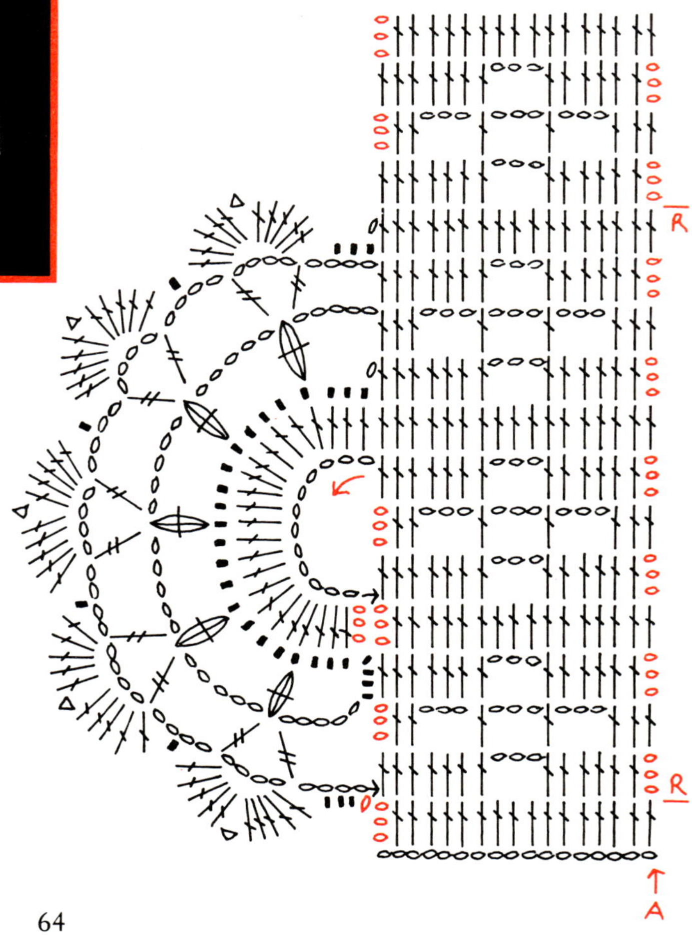
R
R
A

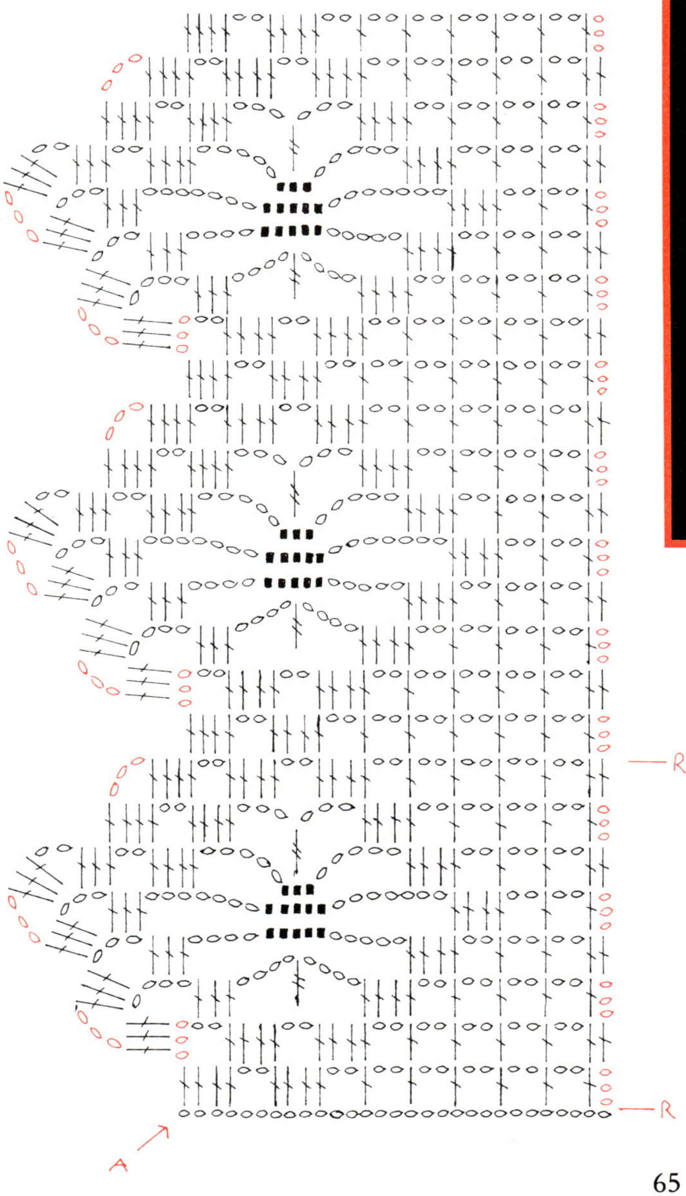
R
R
A

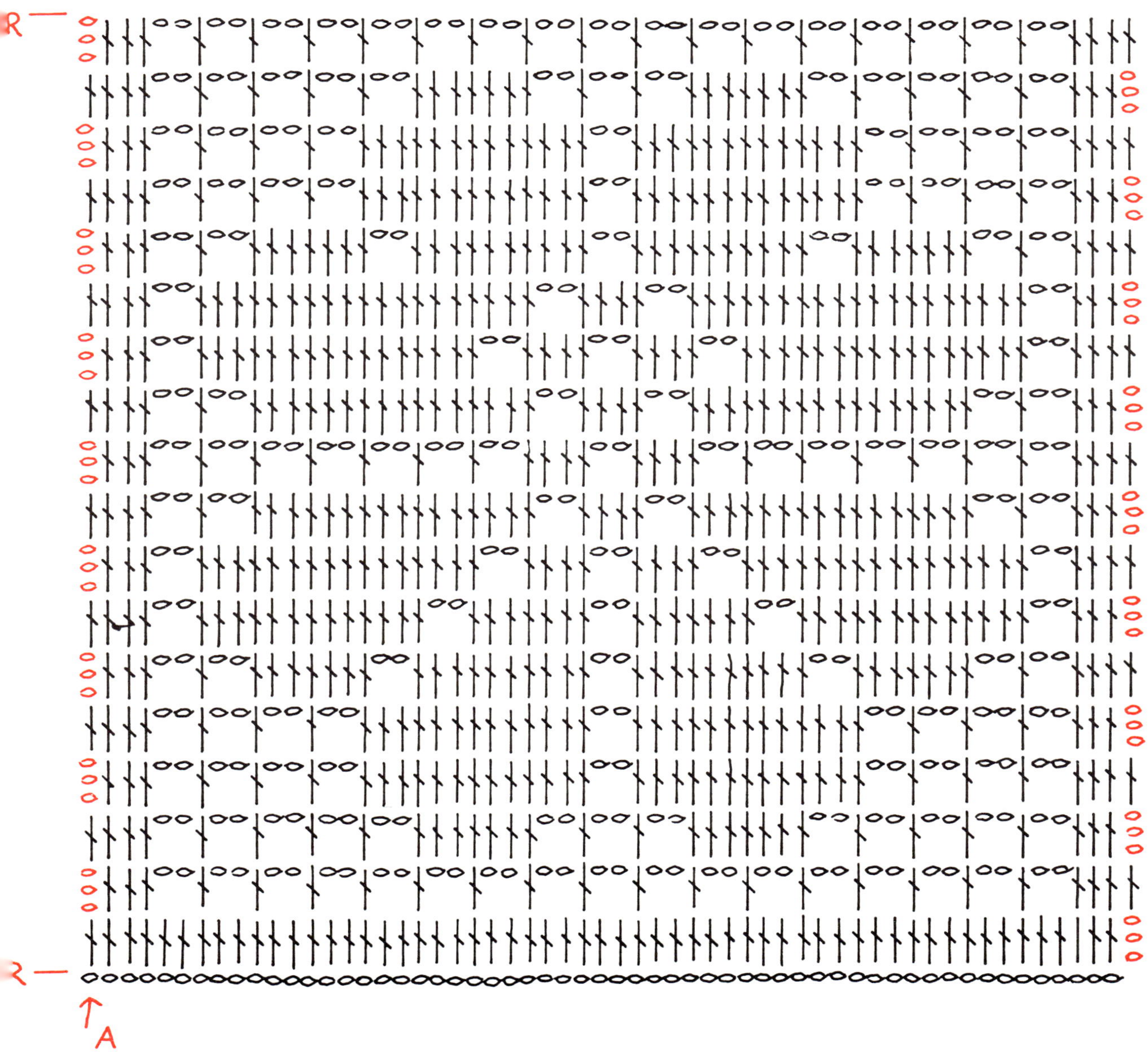
R
R
A

In der 2. Reihe werden für jede Blüte
32 Luftmaschen senkrecht nach oben gehäkelt.
In der 3. Reihe die Blüten fertig stellen
und verbinden.

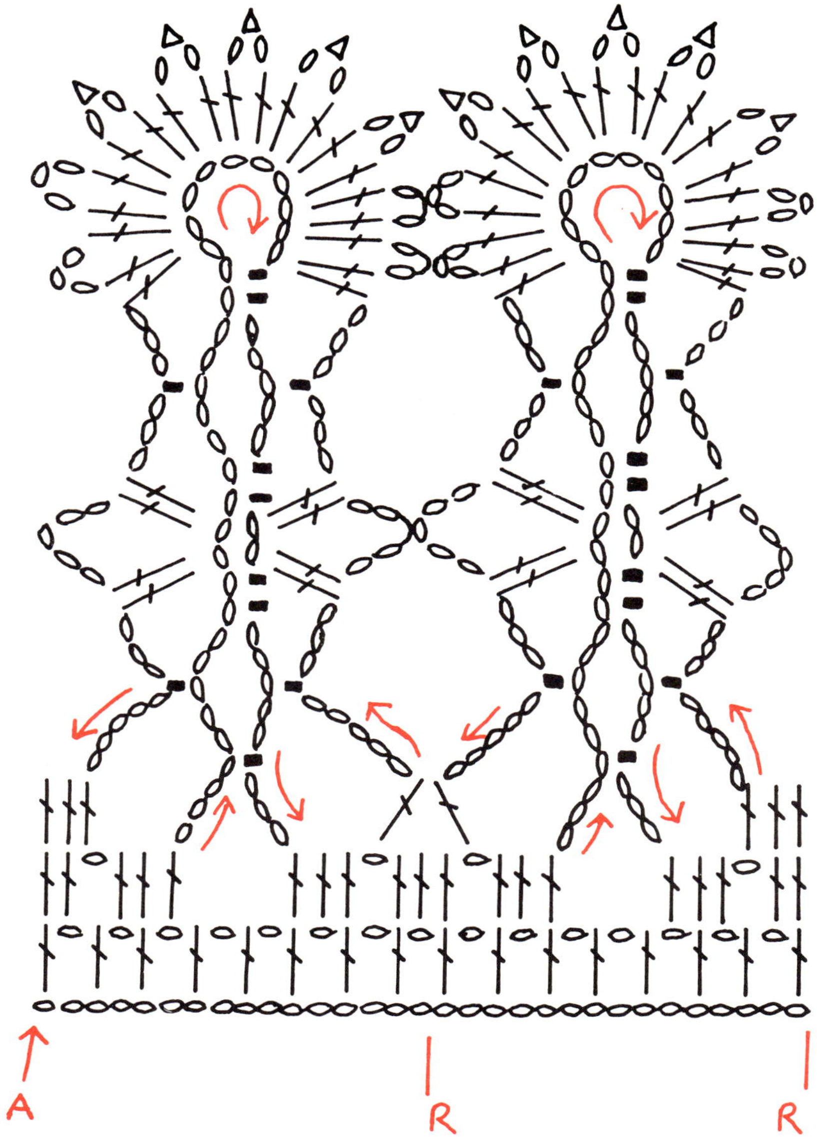
A
R
R

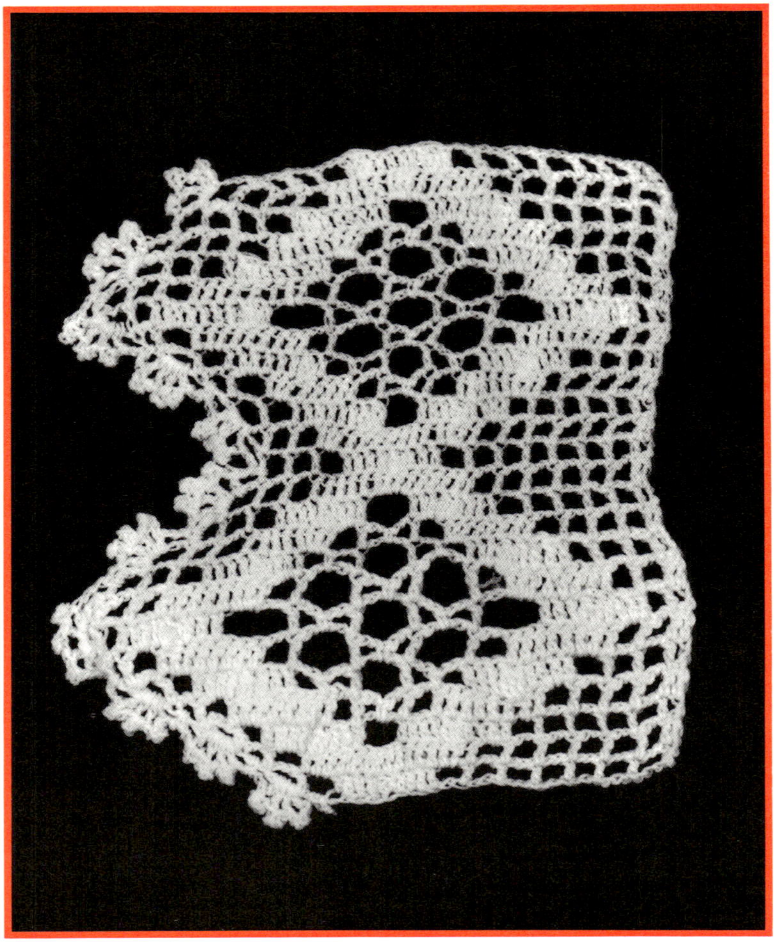

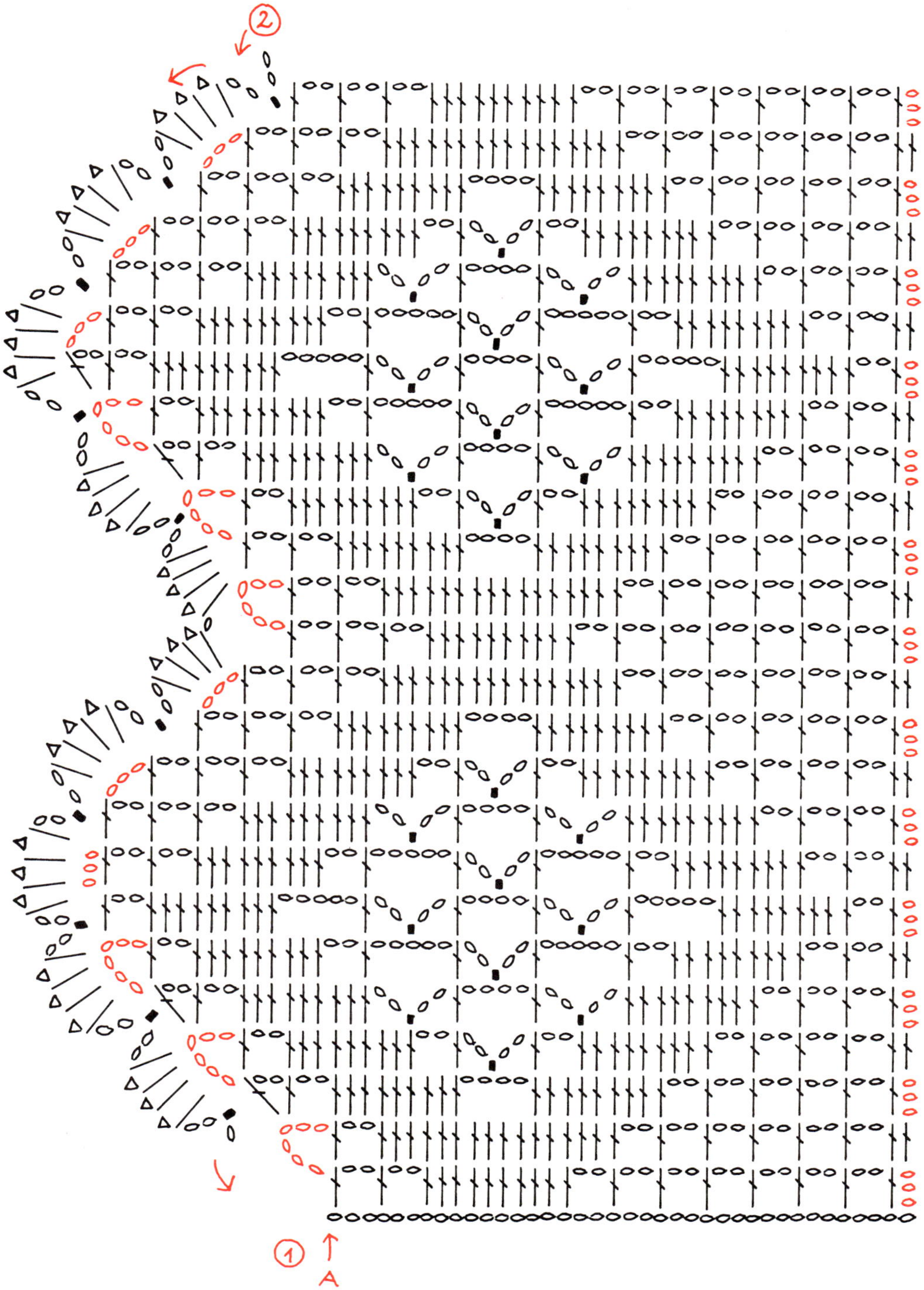
2
1
A

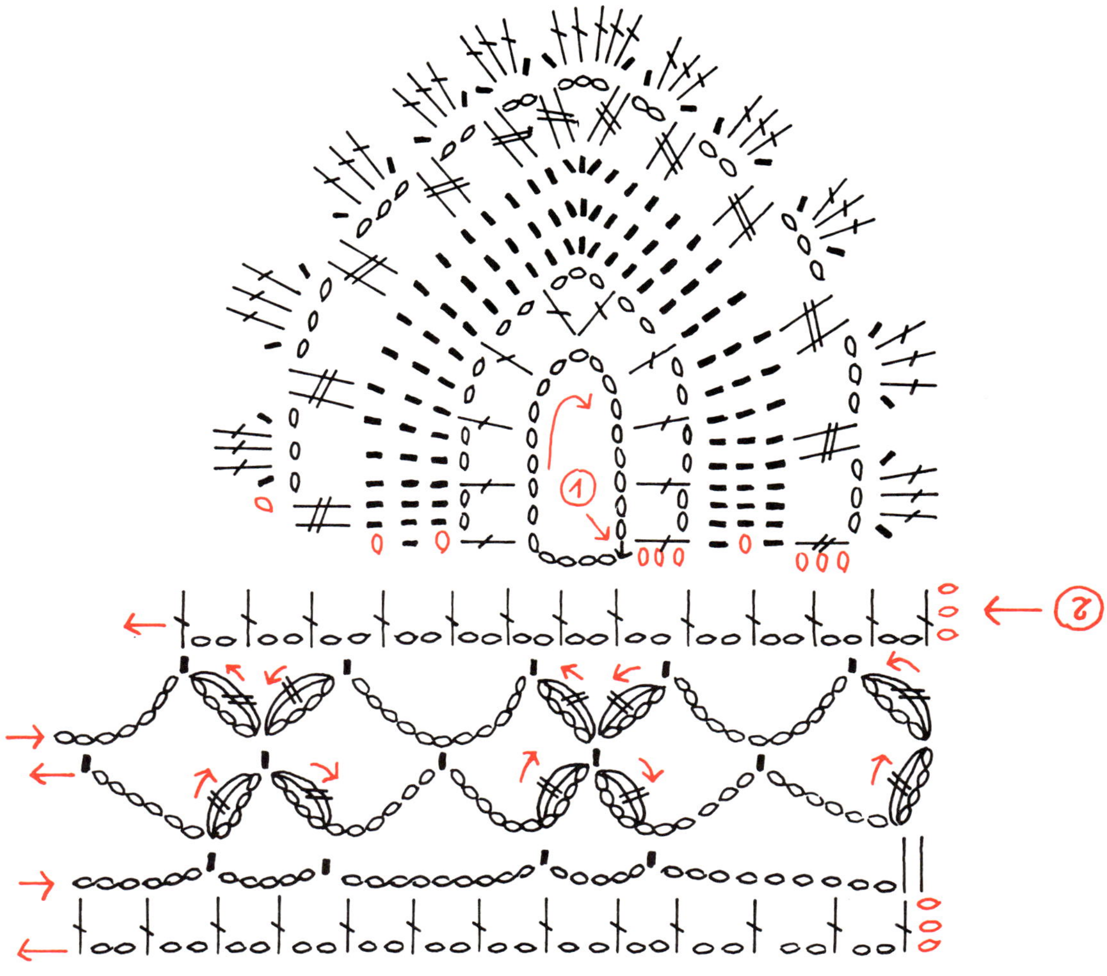

Es werden zuerst alle Motive ① gearbeitet und verbunden,
dann Arbeitsgang ② über die fertige Borte häkeln.
Bei den festen Maschen der Motive in das hintere
Maschenglied einstechen.

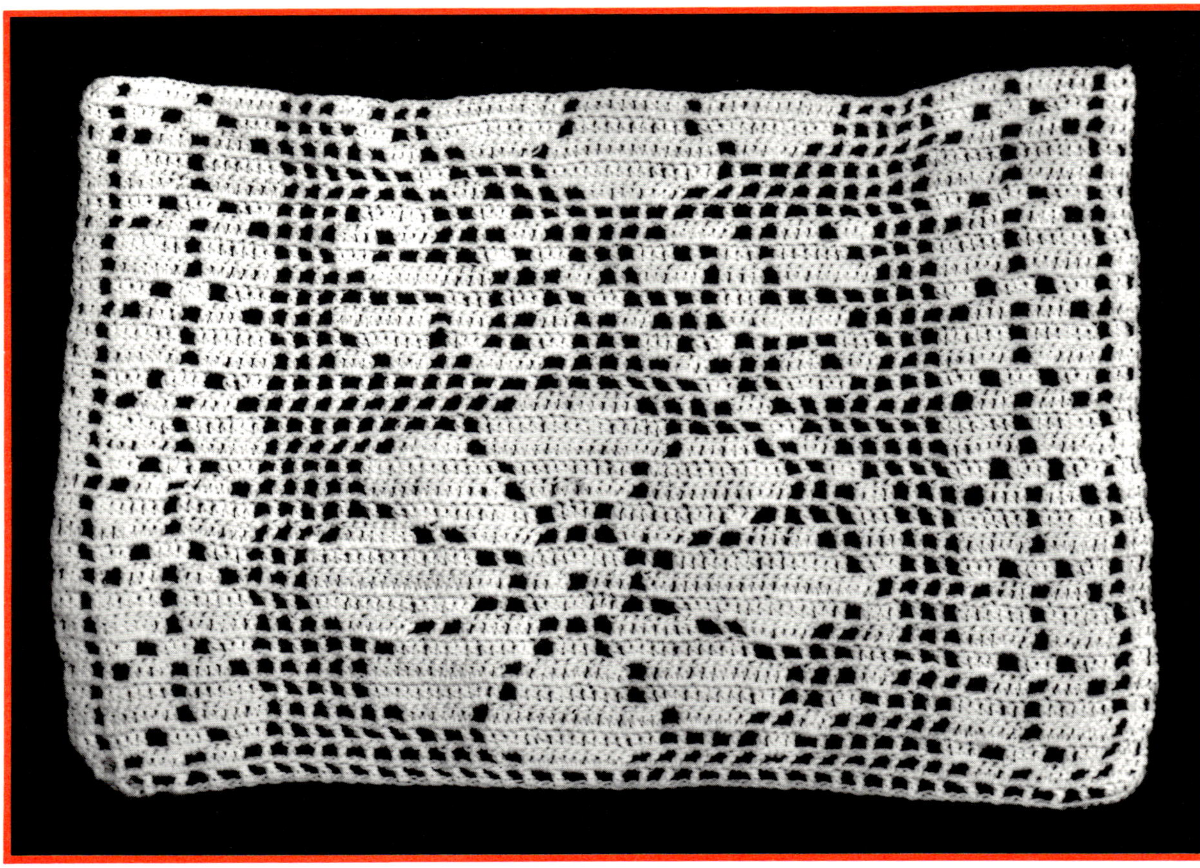

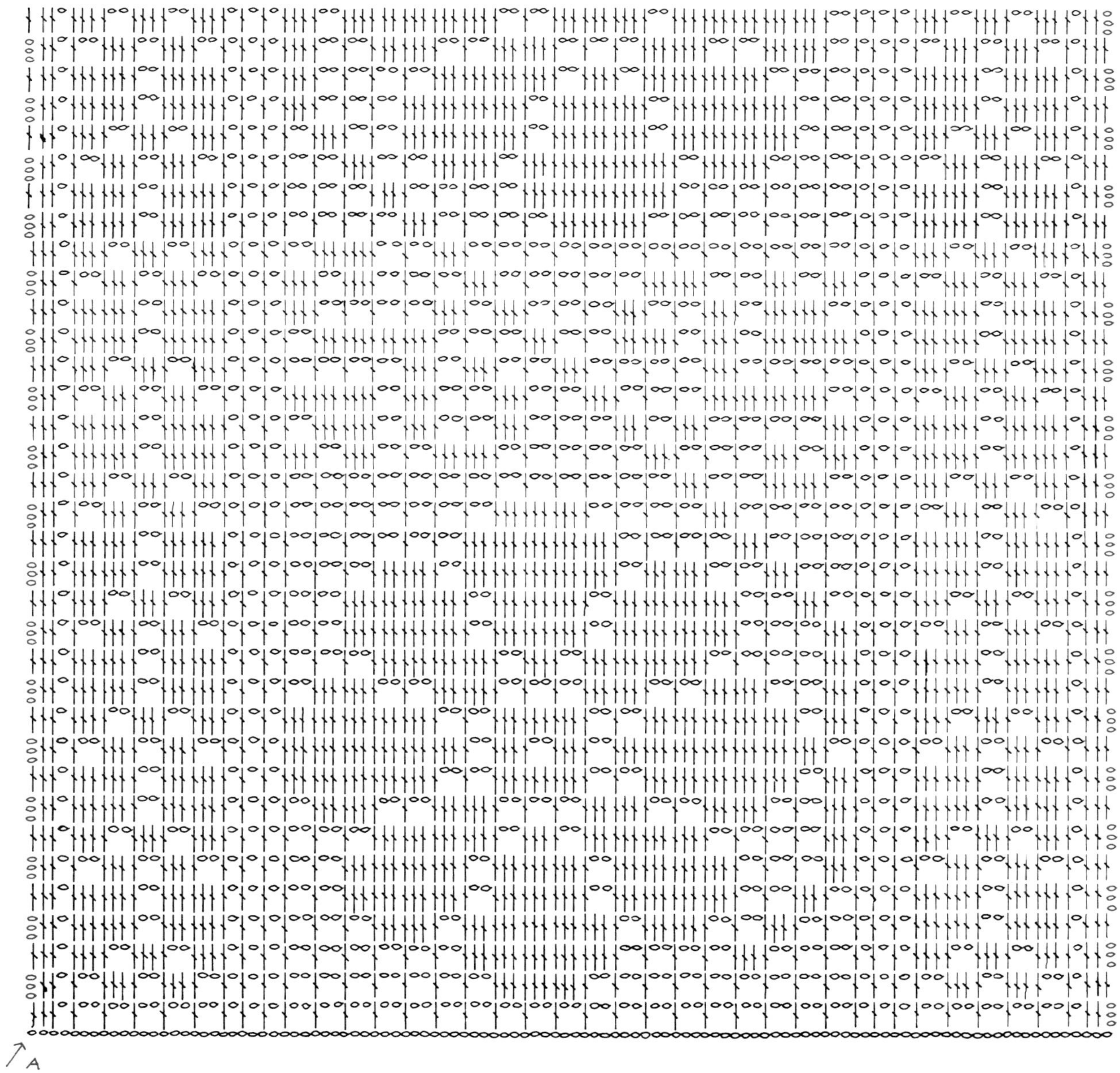
A

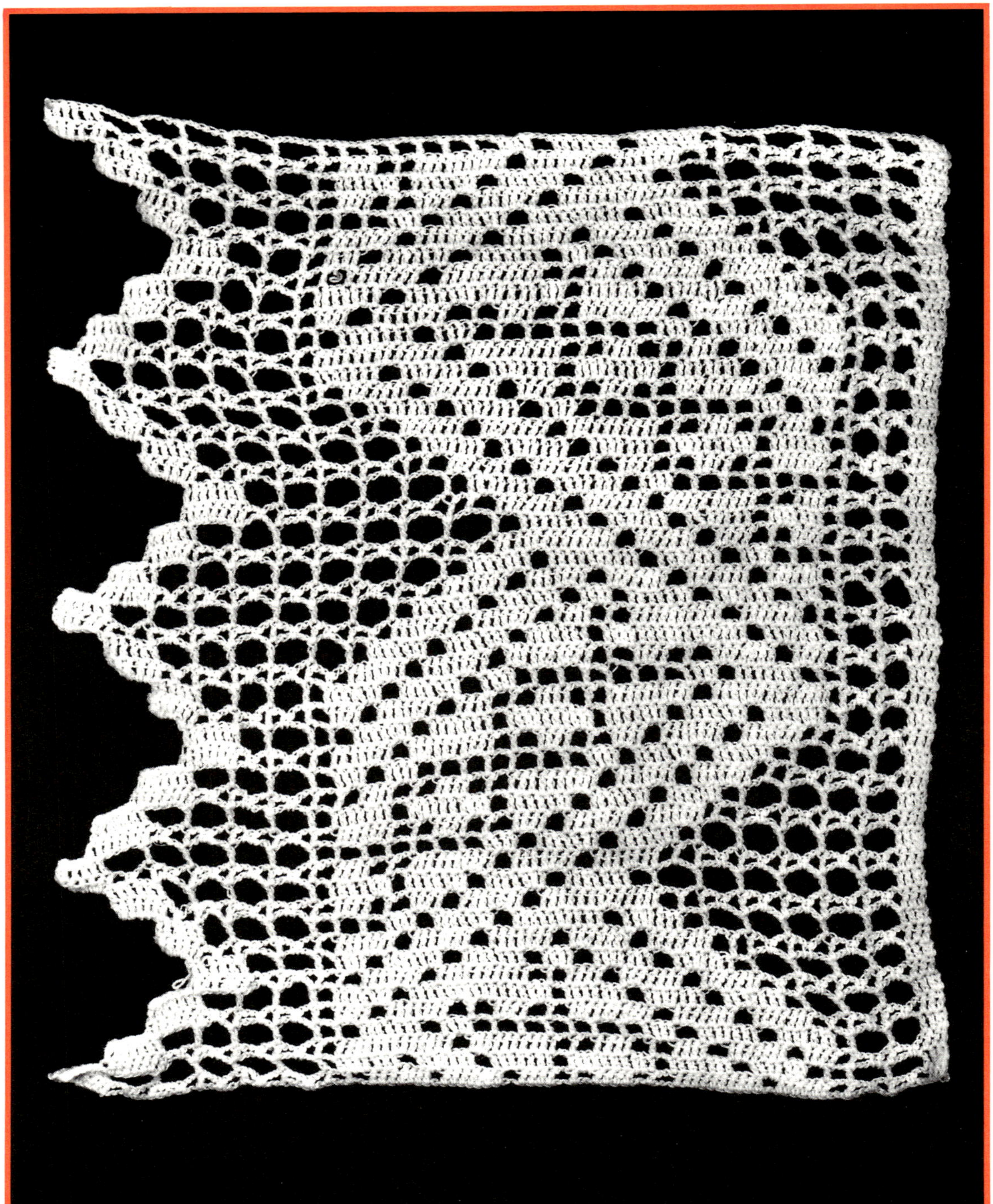

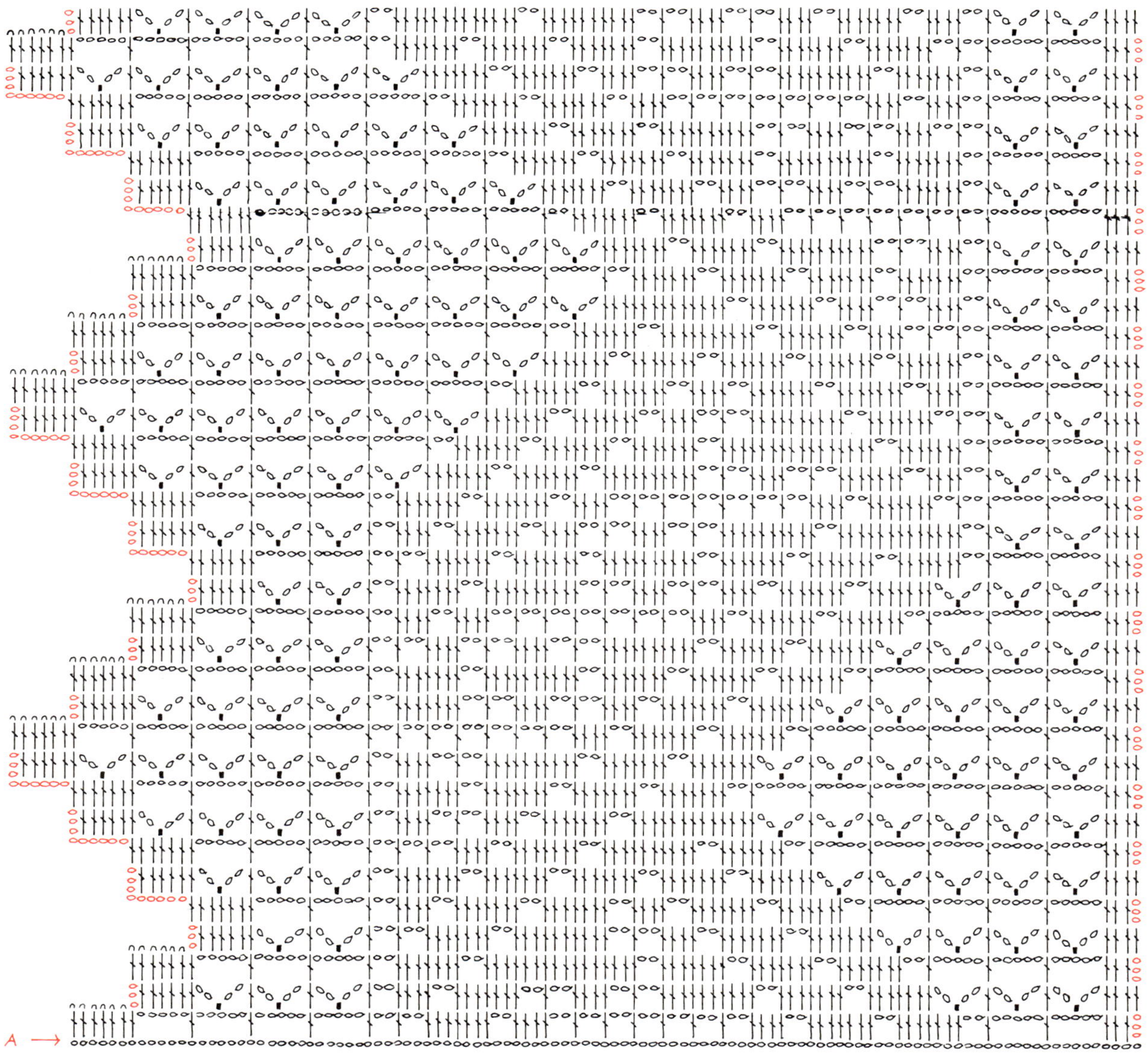
A →

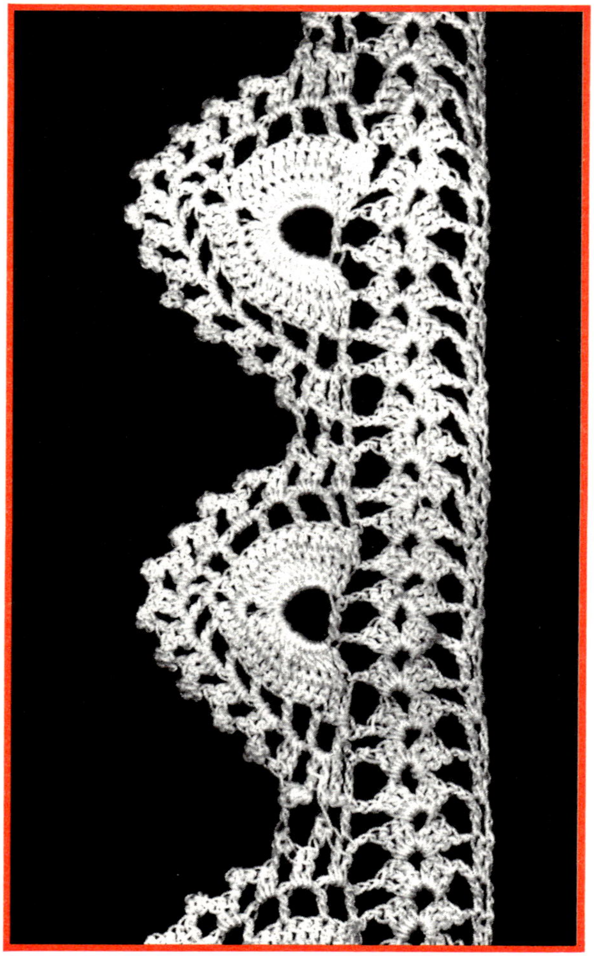

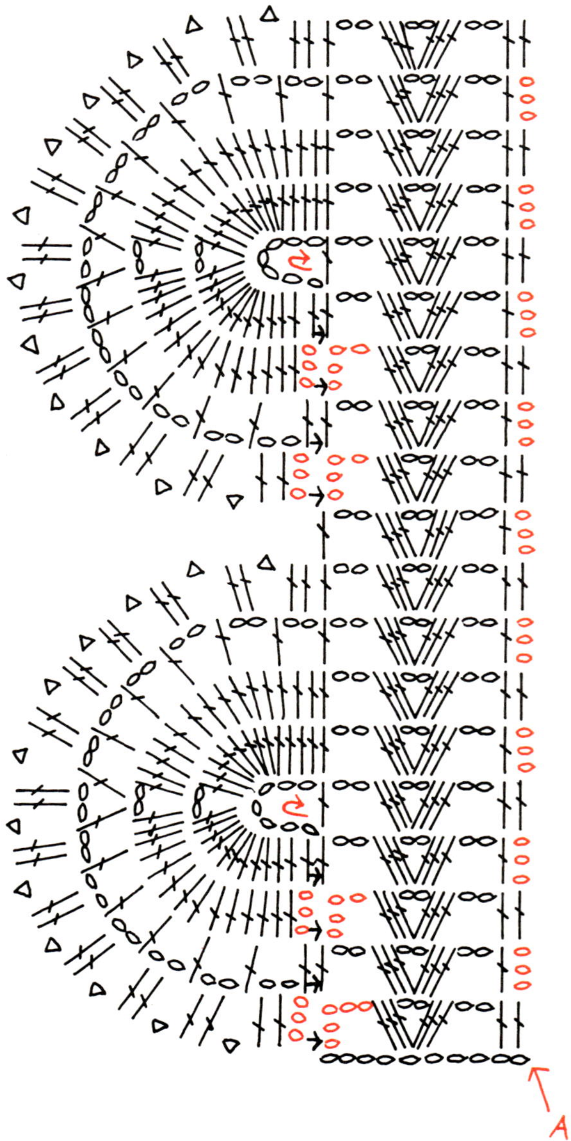
A

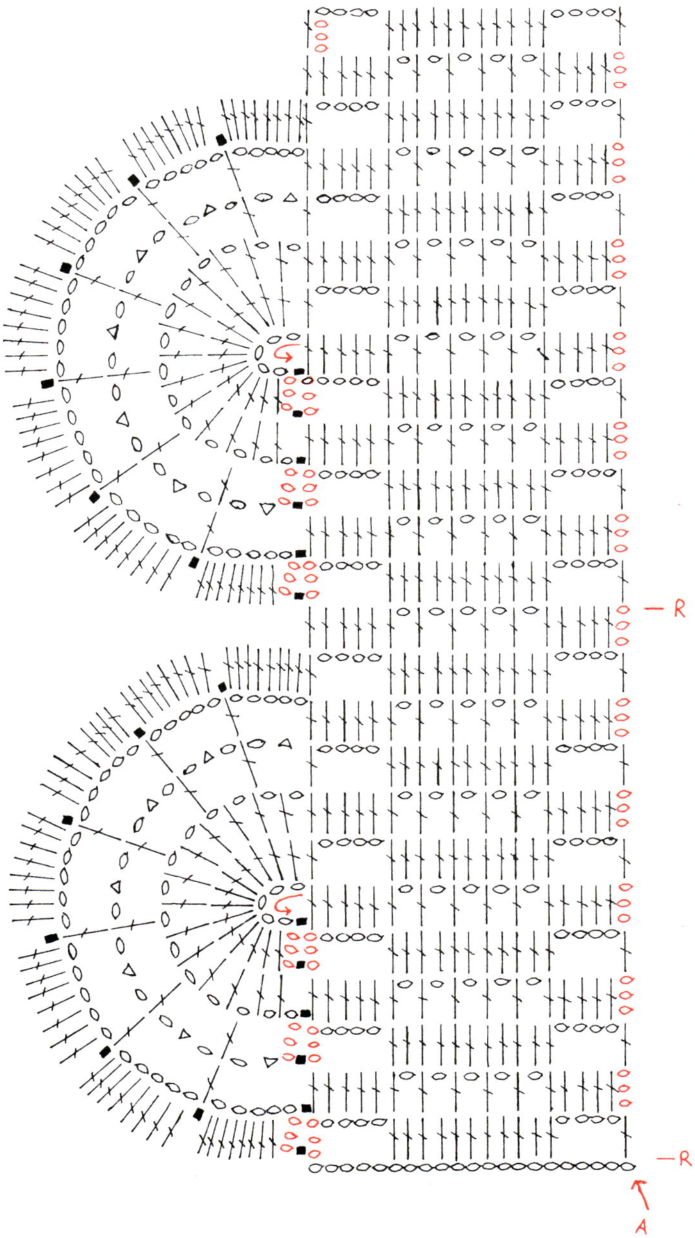
R
R
A

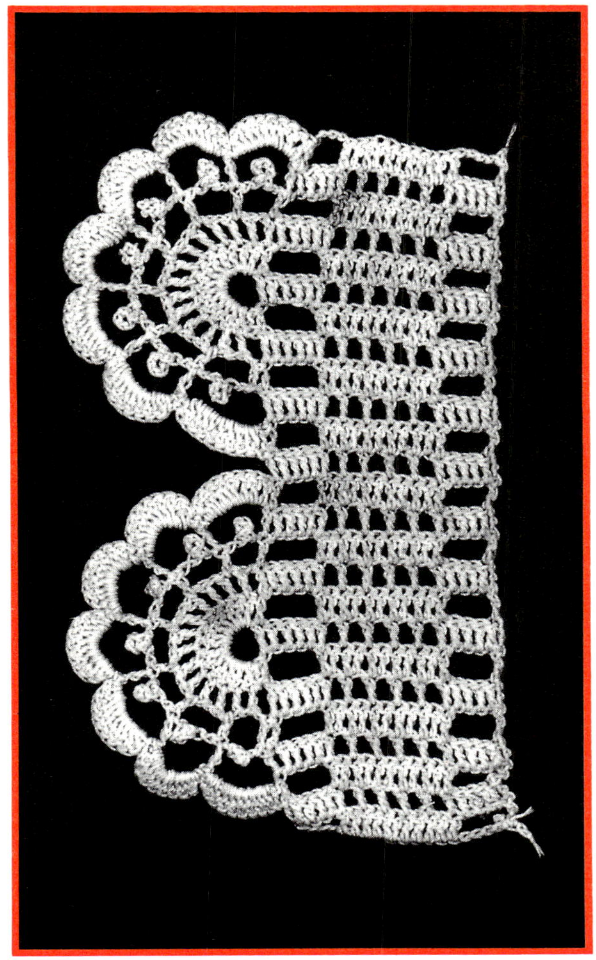

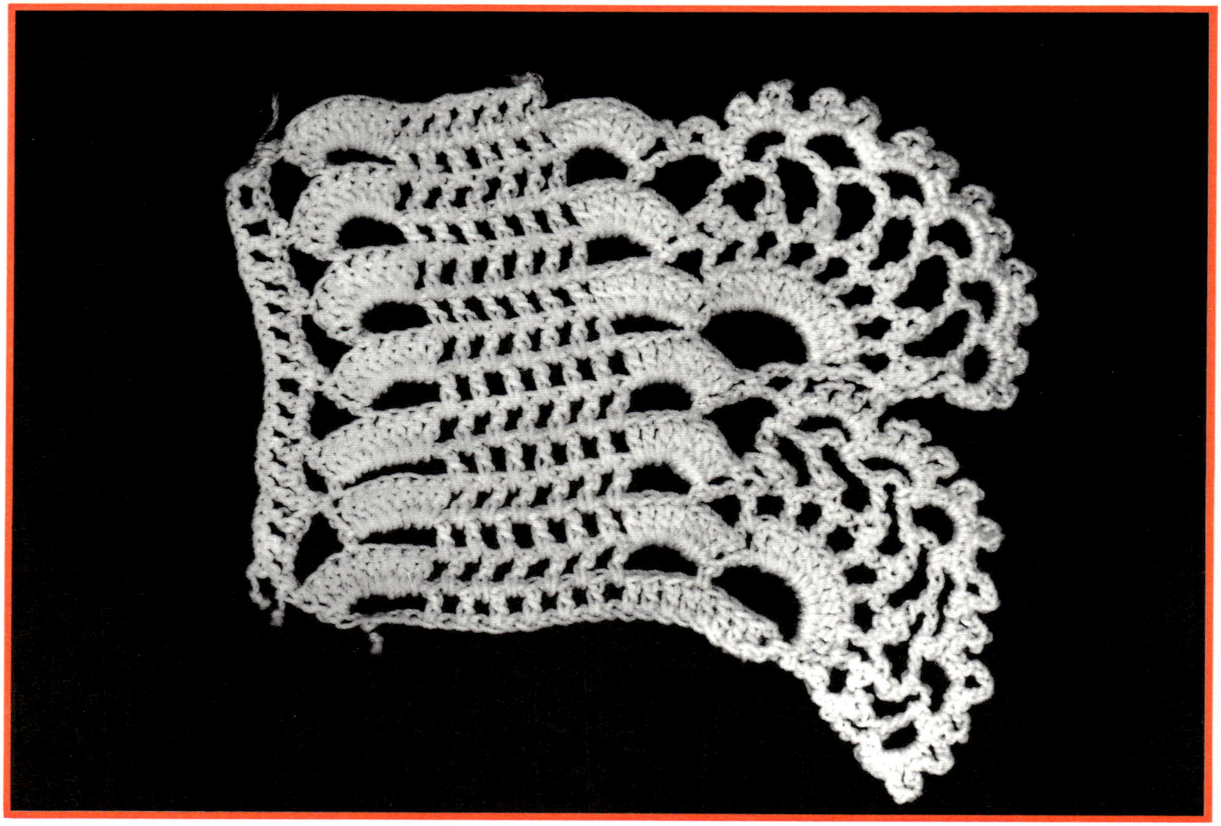

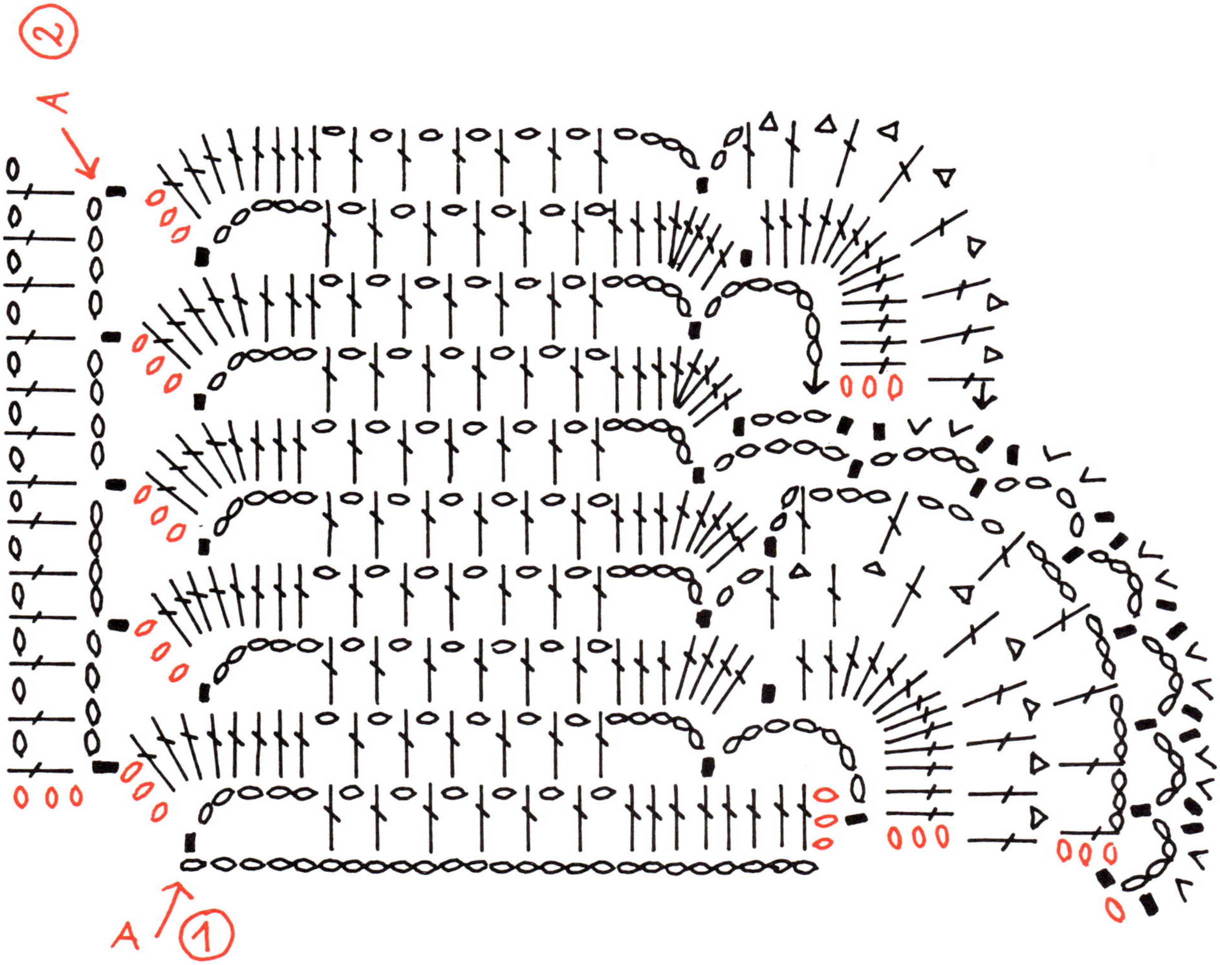
A
2
A
1

A

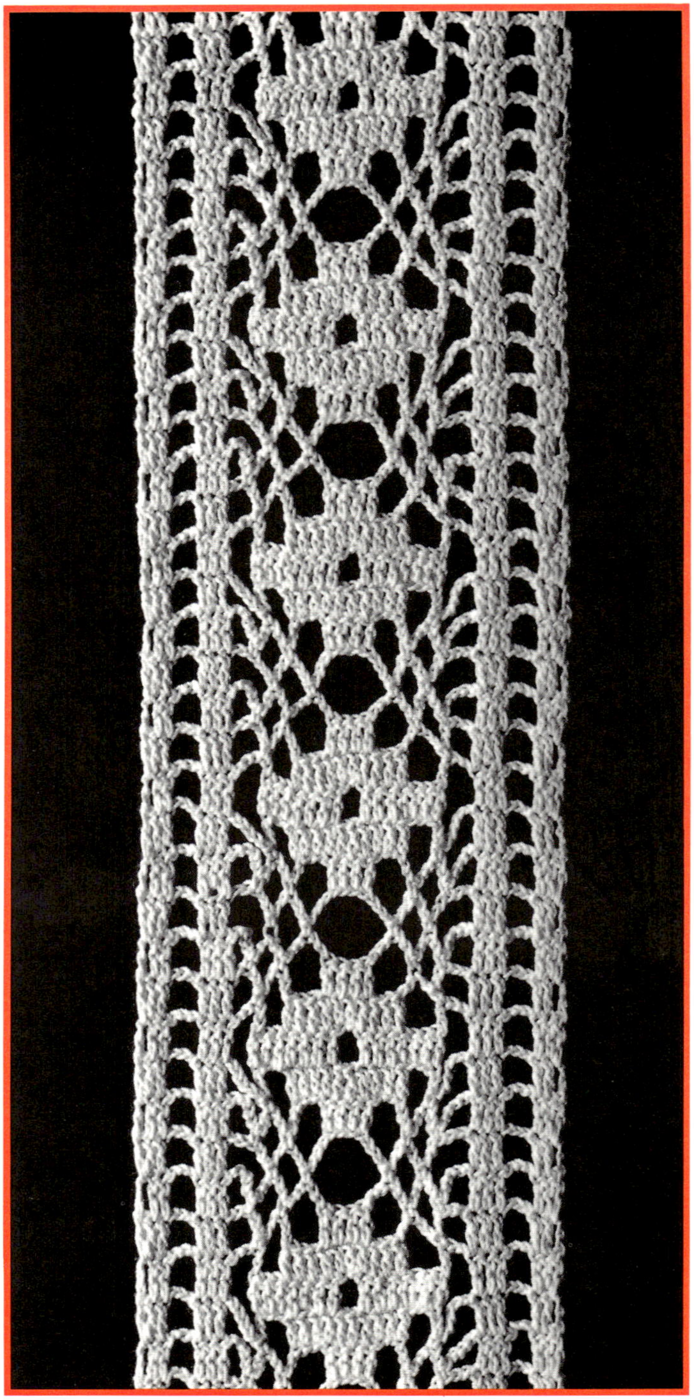

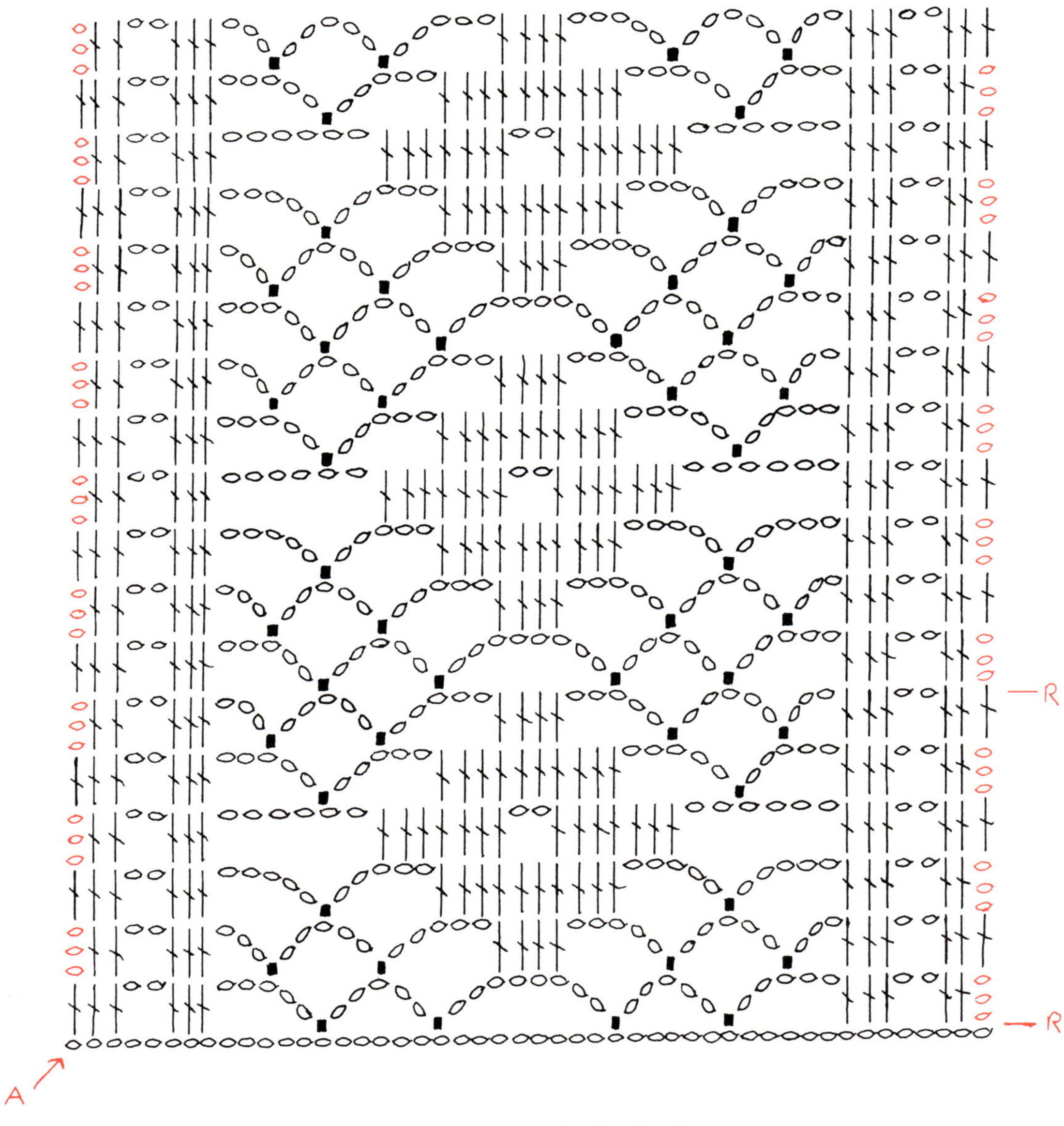

Dieses Muster ist auf Seite 36 oben in Farbe abgebildet

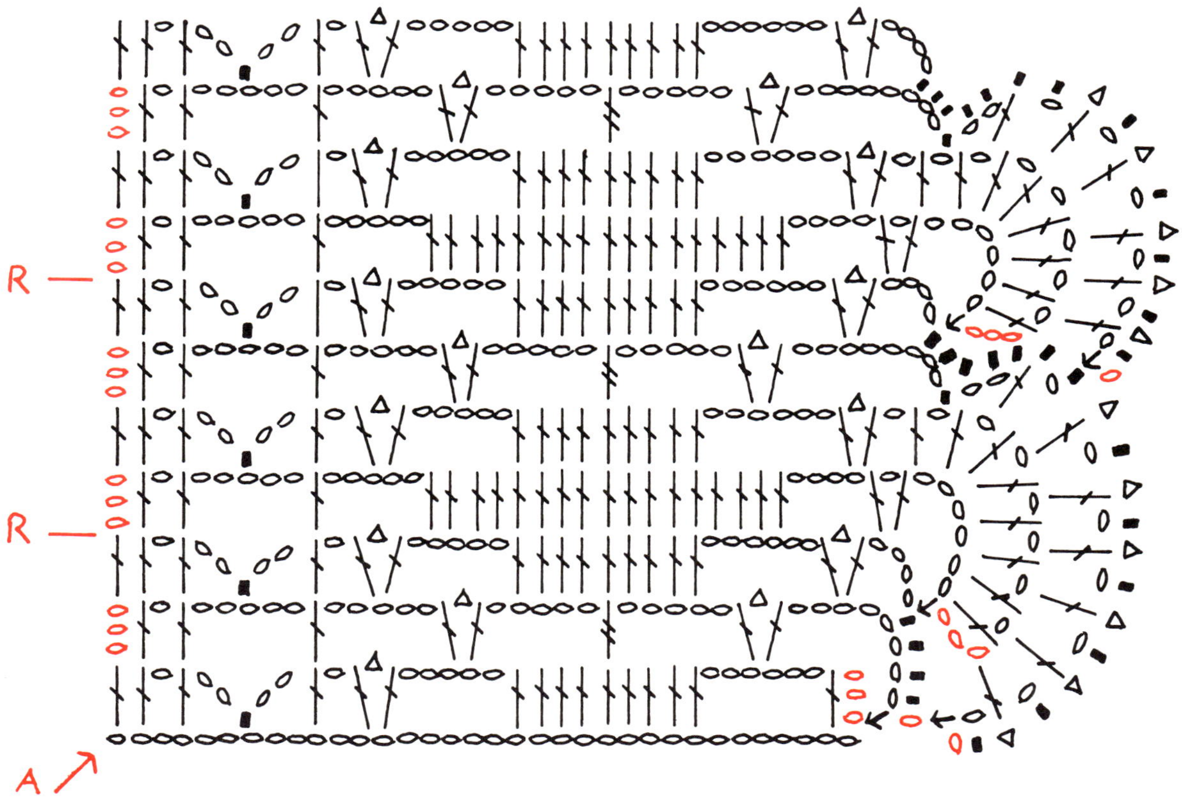
R
R
A

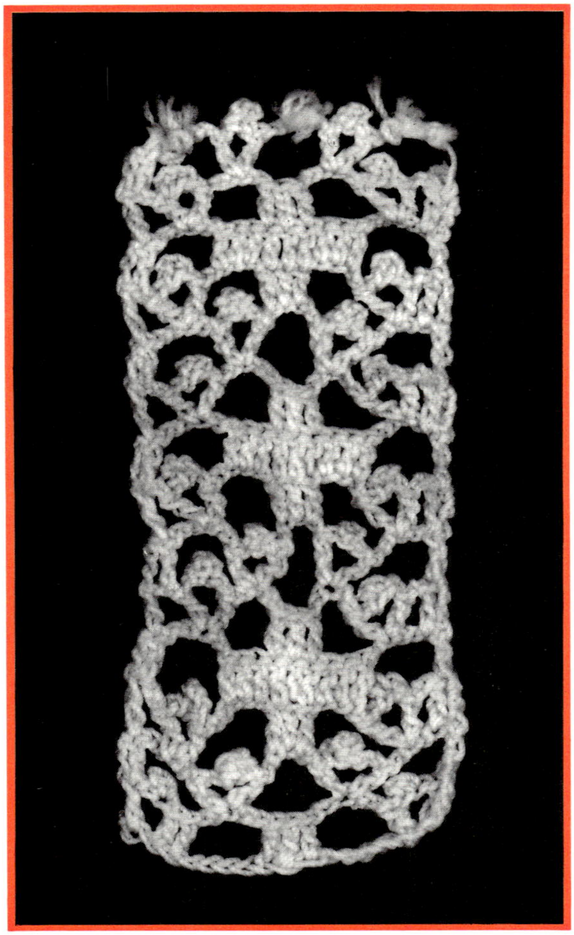

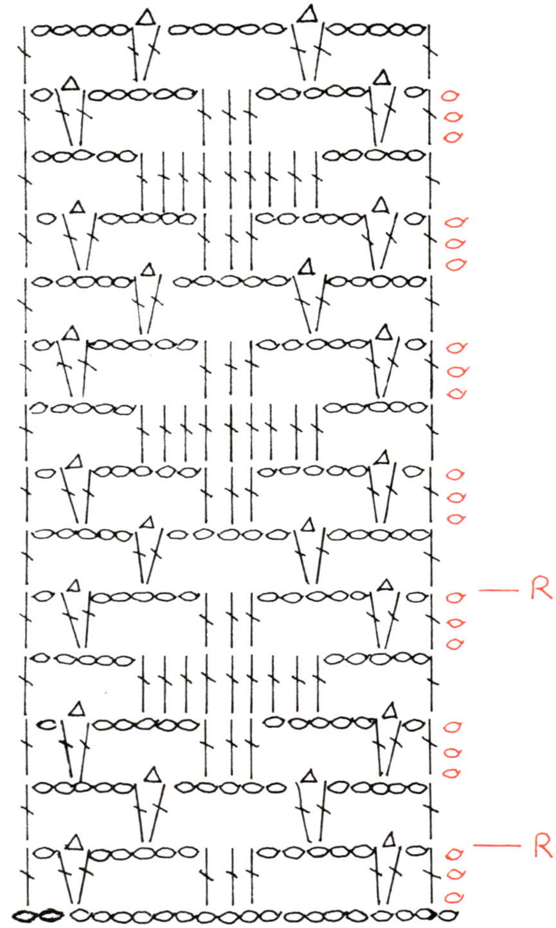
R
R

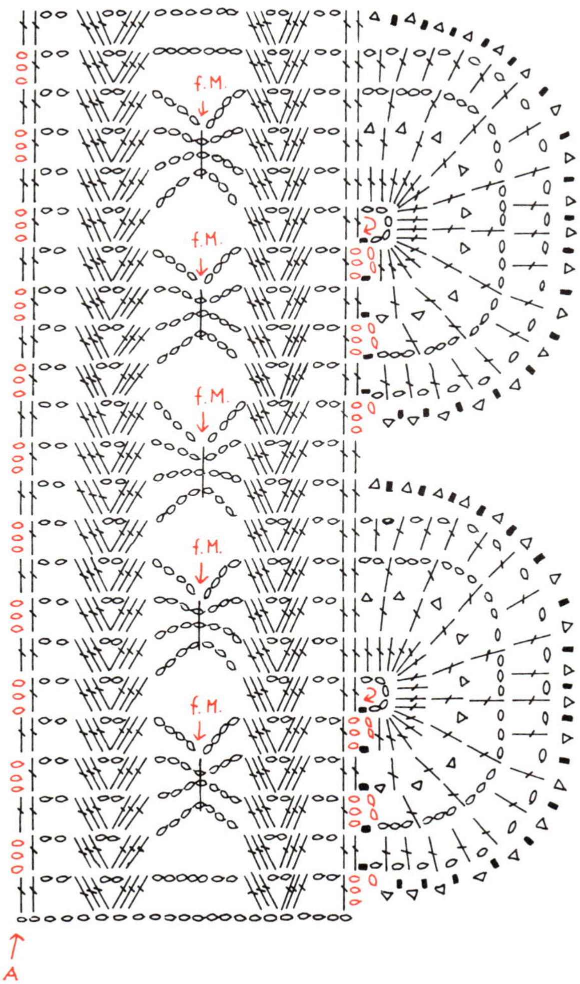
f.M.
f.M.
f.M.
f.M.
f.M.
A

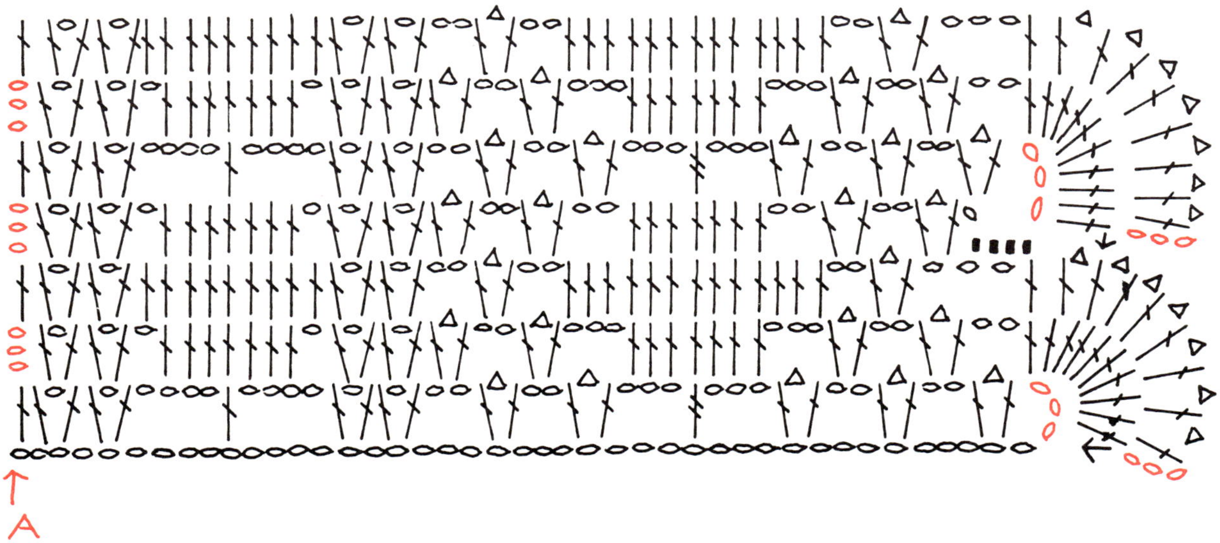
A

Arbeitsgang ② wird um den fertigen Gegenstand gehäkelt.

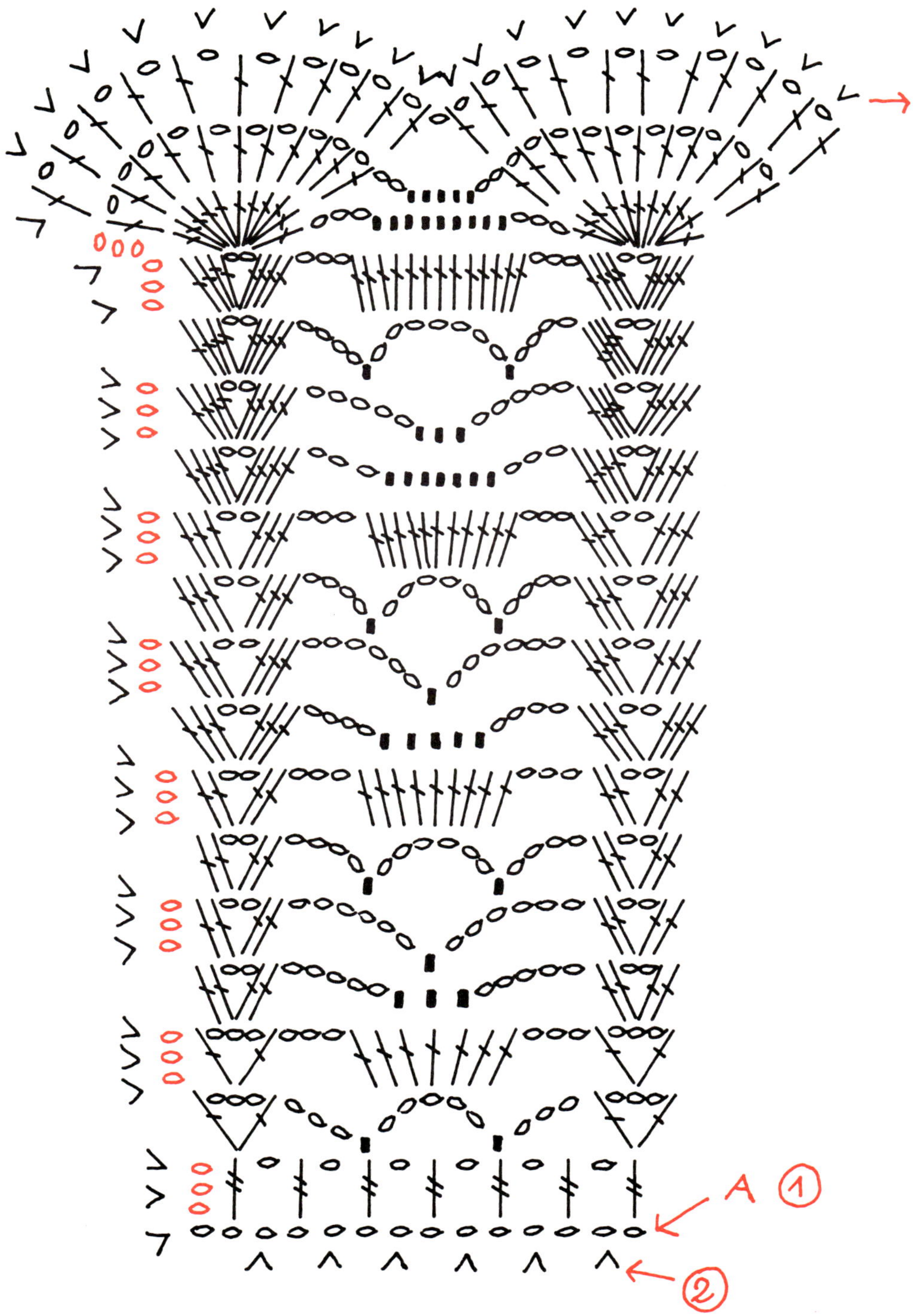
A
1
2

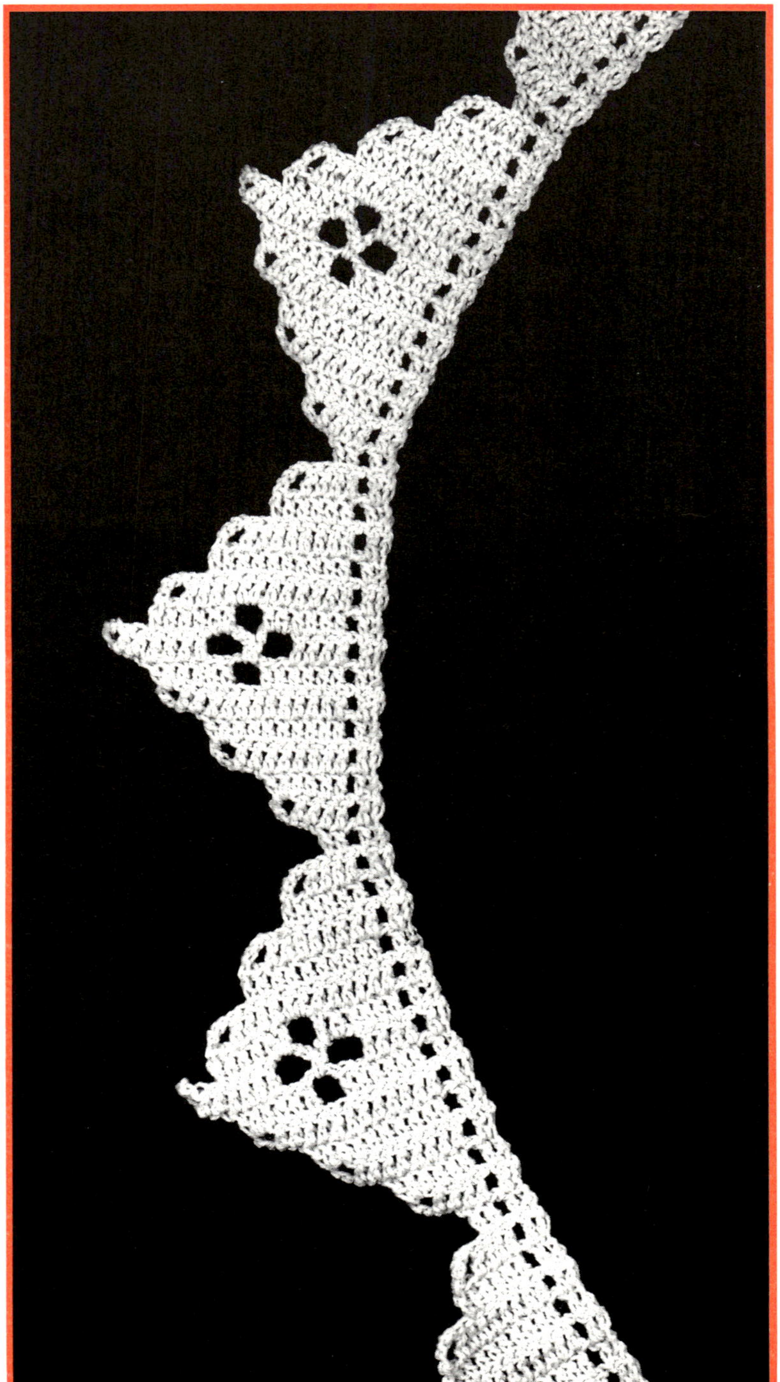

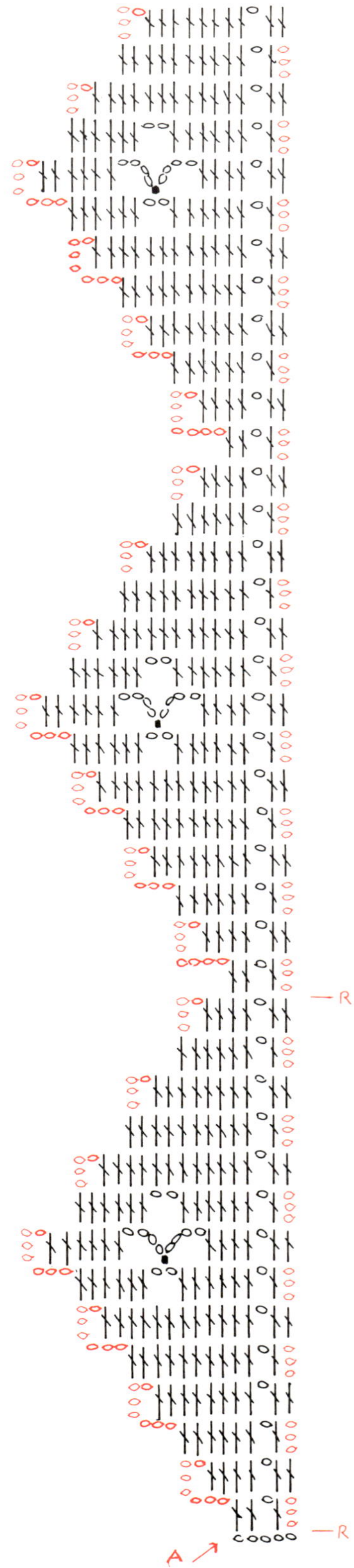
R
R
A

Dieses Muster ist auf Seite 18 als zweites von oben in Farbe abgebildet

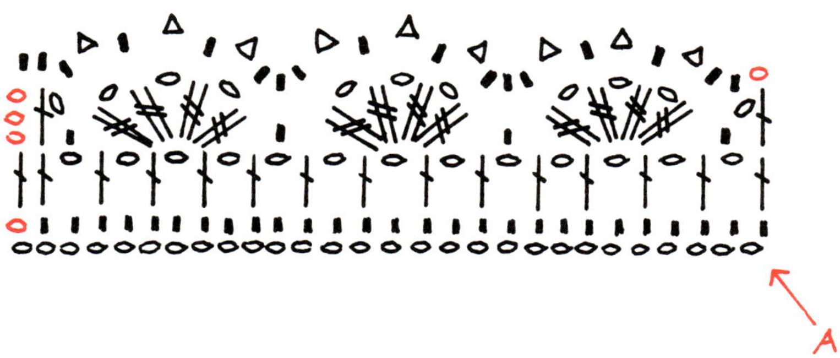

Die Doppelstäbchen werden zusammen abgemascht.

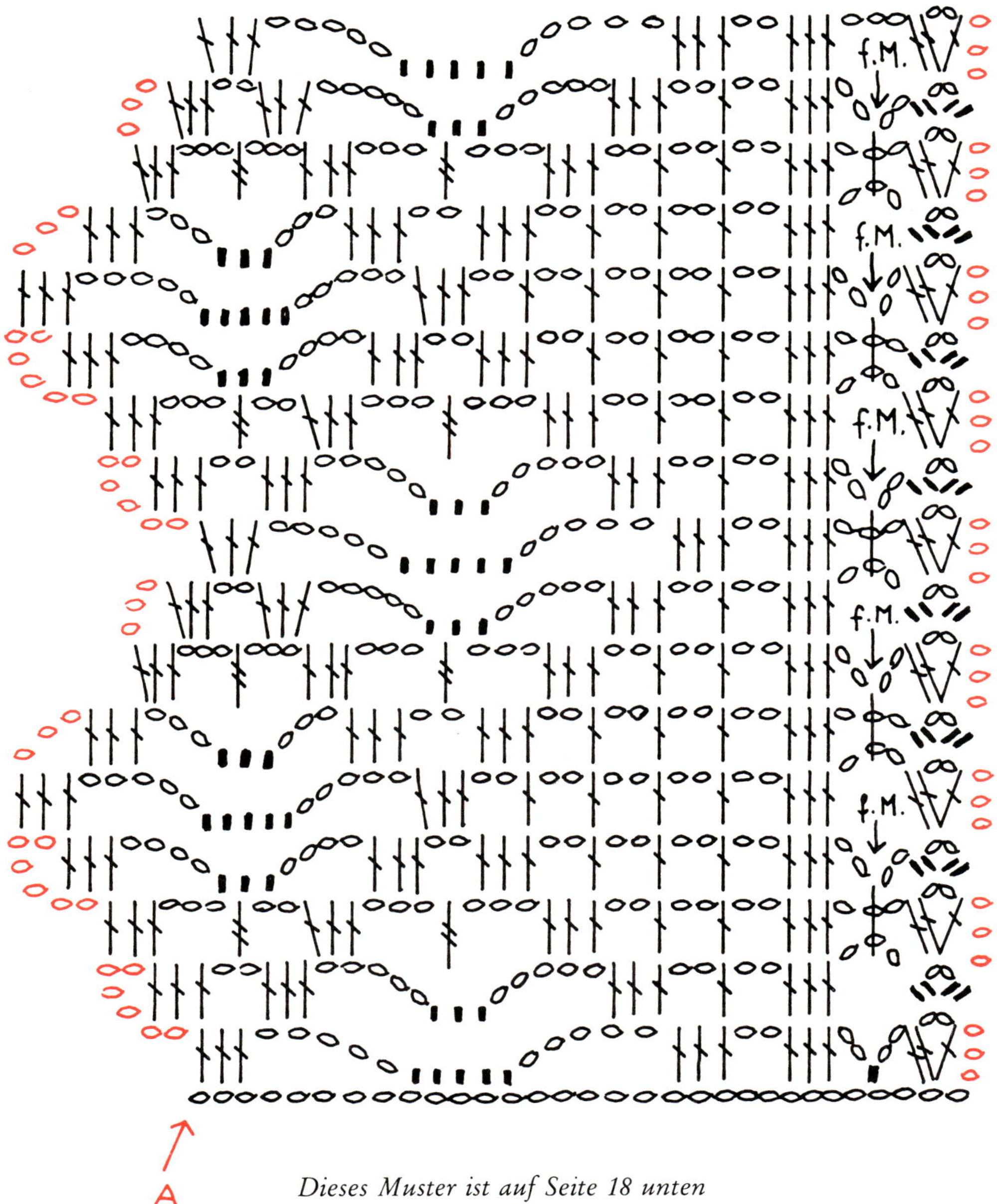

Dieses Muster ist auf Seite 18 unten in Farbe abgebildet

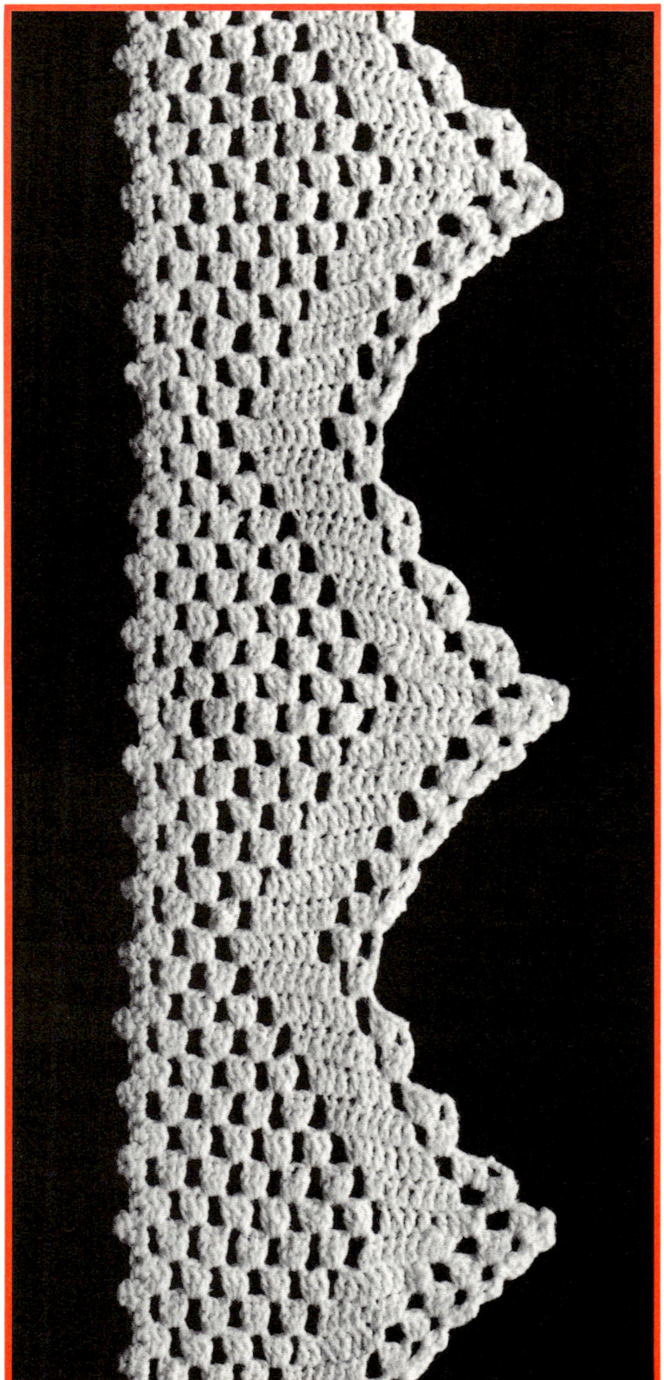

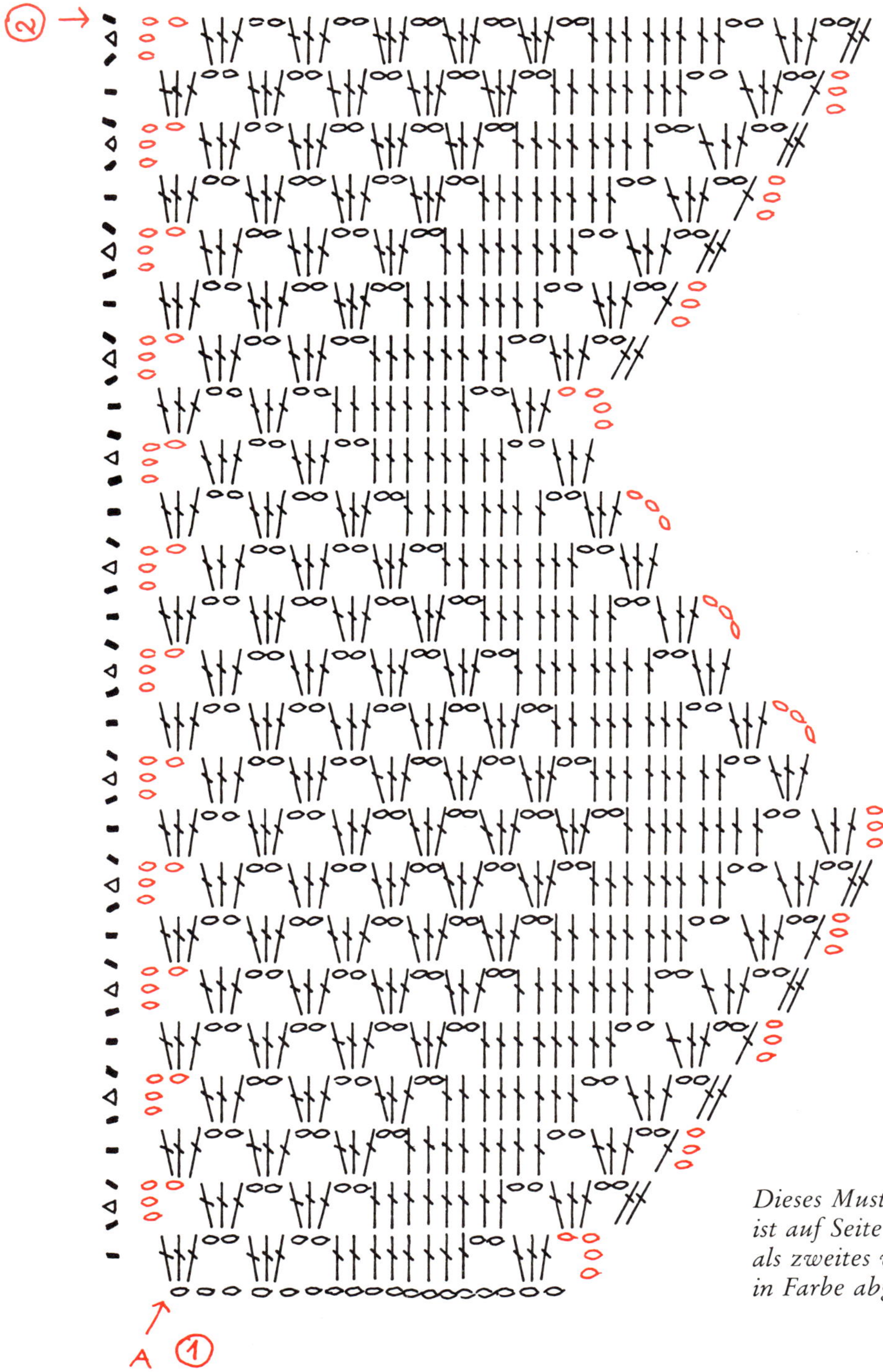

Dieses Muster
ist auf Seite 18
als zweites von unten
in Farbe abgebildet

 ISBN 3-475-52474-0

Dieses Buch erscheint in der Reihe »Rosenheimer Raritäten« im Rosenheimer Verlagshaus Alfred Förg GmbH & Co. KG, Rosenheim.
Es wurde gedruckt und gebunden von der Druckerei Ludwig Auer in Donauwörth.
Der Umschlag wurde gestaltet unter Verwendung einer Häkelspitzenborte, die Frieda Kaltner, Bad Aibling, nach einem Muster aus Kremsmünster häkelte und Foto Rammel, Rosenheim, fotografierte.
Alle übrigen Fotos stammen von Klaus Günther Förg.